现代服务管理与国际化经营丛书

服务管理案例研究

李 凡 主编
崔亚杰 副主编

南开大学出版社
天 津

图书在版编目(CIP)数据

服务管理案例研究 / 李凡主编. —天津：南开大学出版社，2014.9
(现代服务管理与国际化经营丛书)
ISBN 978-7-310-04590-7

Ⅰ.①服… Ⅱ.①李… Ⅲ.①服务业－企业管理－案例 Ⅳ.①F719

中国版本图书馆 CIP 数据核字(2014)第 194218 号

版权所有　侵权必究

南开大学出版社出版发行
出版人：孙克强
地址：天津市南开区卫津路 94 号　邮政编码：300071
营销部电话：(022)23508339　23500755
营销部传真：(022)23508542　邮购部电话：(022)23502200

*

河北昌黎太阳红彩色印刷有限责任公司印刷
全国各地新华书店经销

*

2014 年 9 月第 1 版　2014 年 9 月第 1 次印刷
230×170 毫米　16 开本　11.5 印张　210 千字
定价：25.00 元

如遇图书印装质量问题，请与本社营销部联系调换，电话：(022)23507125

前　言

在21世纪的今天，服务已成为发达国家经济的主导力量，世界各国服务业在GDP中的比例平均已达70%～80%，我国也已将大力发展服务业作为国家发展战略，服务业在国民经济中的地位日益提高，服务业对经济增长的贡献率也相应提升；同时，随着我国人均收入的增加，服务业产出将在GDP中占主要比重，以服务为主导的经济结构将在中国出现，服务将对我国经济发展带来巨大而深远的影响。

但从我国服务业发展的现状来看，中国的服务业构成复杂，传统行业比重大，新兴行业相对不足；劳动密集型行业多，知识、技术密集型行业少。而金融保险、房地产、科学研究及综合服务业等新兴服务业代表未来服务业的发展方向，其比重大小决定了服务业可持续发展的能力，也决定了中国服务业的规模。

摆在学术界、产业界和政府面前的重要问题是如何促进我国服务业充分发展，进而带动经济规模的进一步增长。对服务业实施服务管理，系统地学习和借鉴国外服务管理的成功案例，总结经验，摸索出一套适合中国服务企业的管理模式、尽快提升国内企业的服务管理水平，是发展我国服务业的必然选择。

而通过案例分析的形式向现代服务管理的实施者——企业管理者、未来服务管理的践行者——高校学生传播服务管理的成功案例，推进服务管理理论应用与实践的提升，是提高服务管理实践水平的必由之路。

第一，服务管理实践的要求。国内本土服务企业的大量涌现，为服务管理理论推广提供了现实的可能。我国服务业经过若干年发展，已涌现出一大批具有管理特色的服务企业；同时，经济全球化推动了国内服务贸易相关产业服务管理水平的提升。但是国内服务企业仍缺乏系统的服务管理理论指导和可供借鉴的管理实践标杆，而本书恰好可以为国内企业的服务管理实践提供参考，为国内服务管理实践者提供系统梳理、学习服务管理实践的可借鉴案例。

第二，国内服务管理相关书籍需要完善。国内服务管理的教育和培训普遍缺乏系统、专业的教材。国内的服务管理书籍主要是对国外经典教材的翻译和改良性编写，而结合国内服务业管理实践编写的教材和著作还十分有限，这不利于服务管理教育与培训尤其是服务管理案例的教学与培训的开展。

基于以上背景和动机，本书作者与南开大学出版社合作，旨在为那些将来服务于社会各行业的学生以及那些已意识到服务在社会经济中扮演重要角色的工商业从业者提供参考，为国内相关专业的学生提供一部系统学习服务管理实践的教材。

本书由北京第二外国语学院李凡副教授任主编，中国人民大学博士生崔亚杰任副主编。全书由李凡副教授和崔亚杰负责理论体系设计和统稿，由崔亚杰负责修改和定稿。参加编写的主要人员分工如下：导论（成海艳、崔亚杰），总论（李凡、崔亚杰），服务决策（崔亚杰），服务运营管理（崔亚杰、吕荣丽），服务要素管理（刘沛罡、崔亚杰）。

本书较目前国内的服务管理教材、译著等有如下特色：

1. 内容充实、体系完整，涵盖服务运作、服务营销与服务创新等多个学科领域，体现了服务管理多学科交叉的性质，适于国内读者的阅读与学习。

2. 本书整理并加工了多个国内服务管理案例，这些案例具有浓厚的中国特色，克服了现有教材以翻译国外案例为主、较少针对国内服务管理实践的不足。

3. 本书最重要的是填补了国内服务管理案例研究的空白。目前我们服务管理方面的研究比较少，且多以理论教材为主，个别的教材侧重于理论与实践的结合，但专门就案例进行研究成册的更是少见，几乎没有。所以，本书最重要的价值是对案例的系统分析和研究，填补了国内服务管理案例研究的空白。

李凡

于北京第二外国语学院

2013 年 7 月

目 录

导论 服务管理案例分析的一般原理 1

第一篇 总 论 9

第1章 服务与服务经济 11
  案例1-1："绝对挑战"——网络招聘的三驾马车 11
  案例1-2：天下没有难做的生意——阿里巴巴第三方交易服务 18
  案例1-3：陕鼓集团的战略转型 27

第2章 服务管理概论 36
  案例2-1：特鲁瓦餐馆的服务特色 36
  案例2-2：迪斯尼乐园的道路"设计" 41
  案例2-3：社会公共服务——国家图书馆的数字化信息服务 44

第二篇 服务决策 49

第3章 服务战略 51
  案例3-1：山居小栈的经营策略 51
  案例3-2："真功夫"的中式快餐梦 55

第4章 服务创新管理 65
  案例4-1："菁菁校园"的未来 65
  案例4-2：中远集团的服务创新模式 68

第三篇 服务运营管理 81

第5章 新服务开发与服务设计 83
  案例5-1："IBM就是服务"——IBM的服务转型 83
  案例5-2：网络旅游服务——携程网 88

第6章 服务接触与传递 95
  案例6-1：西尔斯公司借助服务利润链获得新生 95
  案例6-2：迪斯尼公司对人员的培训与激励 100

第7章 服务设施设计与选址 107
  案例7-1：台湾亚都酒店的设计 107
  案例7-2：麦当劳与肯德基的选址"圣经" 113

第8章 排队管理 ... 121
案例8-1：深圳银行如何应对排队难 ... 121
案例8-2：家乐福：收银排队解决方案的创新 ... 129

第9章 服务质量管理 ... 132
案例9-1："大树下"茶餐厅要不要改革 ... 132
案例9-2：清华同方的服务质量 ... 137

第四篇 服务要素管理 ... 145

第10章 人力资源与服务文化管理 ... 147
案例10-1：深圳航空公司的员工授权制度 ... 147
案例10-2：招商银行的"葵花向阳服务文化" ... 152

第11章 服务赢利策略与绩效管理 ... 161
案例11-1：里兹—卡尔顿酒店的价值创造 ... 161
案例11-2：英国某食品杂货店的服务利润链 ... 170

参考文献 ... 175

导论　服务管理案例分析的一般原理

一、服务管理的渊源、概念和特征

1. 渊源

20世纪30年代，英国经济学家艾伦·费希尔（Allen Fisher）将人类社会经济活动分为三大产业，其中旅游、娱乐、文化、艺术、教育、科学和政府活动为"第三产业"；英国经济学家科林·克拉克（Kolin Clack）继承了费希尔的研究成果，在《经济进步的条件》一书中明确区分了三大产业部门，指出：第三产业部门是服务业，包括建筑业、运输业、通信业、商业、金融业等，主张以"服务性产业"的概念替代第三产业。尽管很早人们就了解"服务"对社会和经济的作用，但直到20世纪中期，人们才开始将"服务"纳入研究的视野。初期的研究主要集中在经济领域，从管理的角度研究"服务"要追溯到20世纪70年代。[①]

"服务管理"起源于20世纪70年代，从沙瑟的《服务运作管理》（Sasser，1978）到格朗鲁斯的《服务业的战略管理与营销》（Gronroos，1983）以及他后来的《从科学管理到服务管理：服务竞争时代的管理视角》（Gronroos，1994），标志着从"科学管理"到"服务管理"的转变，这也顺应了社会经济发展和全球化竞争的要求。[②]服务管理的研究经过了四个阶段，包括初期对服务管理的认识阶段（1970～1980年），跳出产品模式的自身特性研究阶段（1980～1985年），跨学科的研究阶段（1985～1995年），所涉及的各学科独立研究阶段（1995年至今）。

2. 概念

以服务产品为基础的管理占据了当前管理体系的主导地位。服务管理是一种符合服务特征和服务竞争性质的管理观点、原则和方法体系。因此服务管理关心的是如何在服务竞争中对企业进行管理。

[①] 李枫林. 现代服务管理理论与实践[M]. 武汉：武汉大学出版社，2010：5～6.
[②] 李枫林. 现代服务管理理论与实践[M]. 武汉：武汉大学出版社，2010：30.

服务管理有狭义和广义之分[①]。狭义的服务管理以服务质量管理作为中心目标，具体包括如下内容：

（1）研究在服务企业与顾客的关系中，顾客如何通过全面感知质量形成感知价值及其随时间变化的规律；（2）研究服务组织（包括人员、技术、物质资源、服务系统与顾客）如何具备提供感知质量和价值的能力；（3）研究如何通过管理和控制组织要素与职能来实现预期服务质量；（4）建立恰当的组织形式，为顾客提供优质服务和价值，实现所有参与者（组织、顾客、社会、其他参与者）各自的目标。

广义的服务管理概念涵盖了服务企业从战略到运作再到产出等各个方面的管理原则、方法与工具。一般情况下提到的服务管理都是广义的服务管理。

3. 特征[②]

（1）全面性。服务管理是一种全面管理，它指导企业在各个管理领域内的决策和运作，而不只为顾客服务这一单项功能领域提供管理原则和方法指导。（2）系统性。服务管理是一种系统性管理，它强调组织内部各职能部门之间协作的重要性，而不强调从专业化分工或劳动分工等角度追求各部门发展。（3）顾客导向性。服务管理具有以顾客为导向的特征，它是指企业以满足顾客需求为出发点进行服务管理创新，它强调的是要避免脱离顾客实际需求进行服务和管理的主观臆断，反映的是"主随客便"的服务宗旨。（4）员工管理导向性。服务管理是企业管理者的任务，它与服务企业员工的发展密切相关，员工在企业内部的发展以及强化员工对企业目标与战略的承诺，对企业的战略实施效果、运作效率和产出结果具有重要影响。（5）长期性。服务管理强调与顾客之间建立长期关系，而不是一种对短期交易和活动的管理。

二、服务管理案例的特点与功能

案例分析方法，又称个案研究法。本书通过对已经发生的真实而典型的中外服务管理案例的研究，点评案例中的成功经验，并对案例中的失败教训进行了反思。通过广泛收集各种可能的资料，再以公正的观察者的态度撰写成文，以供分析和研究借鉴之用。

1. 特点

（1）案例包含的服务管理信息具有密集性

服务管理是一项面广量大的工作，其管理内容非常庞杂，信息量非常丰富。服务管理案例是服务管理案件的再现，它所包含的内容不受时间和部门的限制，

---

① 蔺雷，吴贵生. 服务管理[M]. 北京：清华大学出版社，2008：26～27.
② 蔺雷，吴贵生. 服务管理[M]. 北京：清华大学出版社，2008：28.

涉及各级管理部门的服务管理活动和服务管理的各个环节。在编写服务管理案例时，可以把服务管理案例各方面内容所包含的信息浓缩在一个案例中，使其成为时空密集型的服务管理信息载体。

（2）案例材料具有高度拟真性

一个好的服务管理案例所描述的事件应具备高度的拟真性，也就是要有真实性和客观性。所谓真实性，就是要求每个案例所描述的事件是真有其事，不是虚拟和随意杜撰出来的事实；所谓客观性，就是指服务管理案例只能是对具体服务管理案例进行客观的描述，而不能做任何主观的评论，或者发表具有倾向性的意见，更不能按照作者的主观意愿随便变更事实真相。

（3）服务管理案例的分析结果具有随机性和相对性

服务管理案例是用一个具体的事件去说明服务管理的理论。服务管理案例的分析不是侧重对基本理论的探求，而是突出"经验实证性"和"实践可行性"。因此，服务管理案例分析的结果具有较强的随机性和相对性。对服务管理案例进行分析研究、比较时所运用的原理、规则、标准等，因研究者本人的知识结构、智力水平以及价值观念的不同而表现出很大的差异。不同的研究者从不同的角度分析、评价同一个案例也会得出不同的结论；不同的研究者从同一个角度去分析、评价同一个案例有时也会得出不同结论。由此可以看出，服务管理案例分析的结果会随着研究主体的不同而表现出较大的随机性。服务管理案例分析的结果对服务管理实践的指导和借鉴作用是相对的。这是因为任何一个案例都是以前发生的，其过程不可能在实践中重复进行，而且任何一个案例的特征都是由行为主体特征与行为客体特征两个主要因素相互作用的状况所决定的。

（4）服务管理案例的分析过程注重以事论理

服务管理案例不仅不排斥其他教学方法，相反它必须和其他教学方法相辅相成。服务管理案例教学把基础理论的学习与案例学习有机地结合起来，使学员以事论理，通过对大量的服务管理案例进行分析，从具体的、典型的时间引出相应的服务管理理论，获得自己的观点和经验。一切教学活动都应该是一个有目的、有计划、有步骤的活动。服务管理案例教学的目的就在于培养分析和解决问题的能力。因此，在服务管理案例教学中，对服务管理案例进行分析的要求不仅仅在于明确结论是什么，更重要的是弄清得出结论的过程和理由是什么，从而达到开发学员智力的目的。

（5）中外服务管理案例结合

本书中所选案例既有迪斯尼公司这样世人耳熟能详的西方经典，亦有现在火遍中国的"动感地带——中国移动的市场细分"这样的中国标杆；既有世界首富比尔·盖茨及梅琳达·盖茨基金会与福特基金会这样总资产高达 600 亿美元的财富基金，也有"小荷才露尖尖角"的山居小栈的经营策略。案例真实、全面，充分反映了"服务"全过程中的各个主要因素及其相互关系。

（6）服务管理案例涉及行业广泛

本书收集的案例来自娱乐(如：迪士尼公司对人员的培训与激励)、信息(如：华为借 IBM 实施 ITS&P 系统实现管理变革)、教育（如：菁菁校园的未来）、餐饮（如：麦当劳与肯德基的选址"圣经"）、旅游（如：网络旅游服务——携程网）、金融（如：德意志银行的员工招聘做法）等各行业，且案例具有极高的代表性。

（7）服务管理案例分析切入角度多样

所有这些案例成功的经验是服务管理各方面天时地利人和的结果，但是每选一个案例，其分析的侧重点各有不同。这些侧重点主要是服务决策、服务运营管理、服务要素管理、行业服务管理这几个主要方面。

2. 功能

服务管理案例分析是进行服务管理教学和研究的特殊教材，与一般服务管理学教材相比，具有独特的功能，主要体现在以下几个方面：

（1）提供实例、模拟实践，有利于培养和提高实际服务管理能力。服务管理案例分析为我们提供了众多真实而且情况各异的服务管理实例，并创造了模拟实践的机会，弥补了人们实践的不足与片面性，开阔了我们的视野。学习者可以通过对案例的思考、推理、判断与处理，锻炼和提高独立、综合、灵活地运用所学的理论解决服务管理过程中所遇到的实际问题的能力，为正确处理工作中可能出现的突发情况奠定良好的基础。服务管理案例兼容服务管理的理论与实际，学习者通过对各种类型的案例进行剖析，可以运用发散思维，将大量的感性经验升华到理论经验，提高自己的实务技能。

（2）弥补传统教学中"填鸭式"灌输知识的缺陷，有利于开发智力、激发学习的主动性，实现教学相长。服务管理案例分析的方式是启发式、讨论式、双向乃至多向交流式。以培养个人独立思考和处理问题的能力为基点，直接运用理论和知识来分析、研究案例中的问题。将服务管理理论和实践互相衔接起来，有利于学习者灵活主动地学习服务管理理论，并能在实践中加深对服务管理规律的认识和掌握。

（3）增长知识、集思广益，有利于参与者取长补短、互相启迪。服务管理案例分析不仅为学习者提供了许多具体事实和信息，开阔了视野，丰富了知识，更重要的是为学习者提供了一个共同关注的角度，一个互相取长补短、互相启迪的机会。学院通过对服务管理案例的集体讨论、各抒己见、展开争论，形成一种百家争鸣的气氛；通过互相交流、互相启发，集百家之长于一体，获得共同提高；通过思维的碰撞和集体智慧的综合，使个人的观察能力、记忆能力、逻辑分析能力、组织能力和人际交往能力得到锻炼与提高，为提高服务管理水平奠定能力基础。

三、服务管理案例教学与研究

服务管理案例教学，是指围绕一定的教学目的，把从实践中收集到的真实案例加以典型化处理，形成供学习者思考、分析和决断的服务管理案例，引导学习者通过运用所学的理论来解决案例中反映出来的问题，以提高理论水平和实践能力的教学方法。

1. 服务管理案例教学的程序

服务管理案例教学既要遵循一般的教学规律，又有其本身的特殊要求。因此，服务管理案例教学在一般的实施过程中要注意充分体现自身的特点，并根据这些特点设计好教学程序。

（1）理论准备

服务管理案例教学的基础是服务管理理论，因此在实施案例分析之前，要进行必要的理论准备。这样安排，有利于学员用服务管理的理论来分析实际问题。理论准备应根据不同类型学员的具体情况，因材施教，既可采取系列讲座形式，也可以规定数目让学员自学。

（2）独立思考

教师选择针对性较强的服务管理案例后，发给每个学员，并给予一定的时间，让他们有选择地独立完成分析的准备工作。在这段时间内，学员要认真阅读案例，仔细研究每一个细小的情节。如有必要，学员还应到相关单位了解一下与该案例有关的服务管理案例、政策法规、法律等。在阅读的基础上，学员要独立地进行思考，提出自己的分析意见或结论，准备好课堂讨论的发言提纲。教师为了提高课堂讨论质量，一般要实现不少于四名学员的重点发言。

（3）课堂讨论

课堂讨论是在个人准备的基础上进行的总讨论，主要是由学员围绕服务管理案例中案情的分析及解决问题的方案，发表各自的看法，并阐述自己的理由。讨论中，教师要注意引导学员各抒己见，互相揭示矛盾，向别人提出挑战，以便引起争论。通过争论，个人在吸收他人意见基础上，进一步完善自己的观点。课堂讨论时，还要安排专人做记录。记录者负责将讨论情况整理成书面材料，以供下一轮的案例教学参考。课堂讨论以口头发言为主，书面发言为辅。在课堂讨论的组织中，教师应根据服务管理案例的情况，适当为学员指定一定角色，以使讨论更加深入。每一个学员都应当自觉地进入角色，把自己置身于案例情节中去，扮演好自己的角色。

（4）课堂总结

课堂总结可以由教师来担任，也可以由负责记录的学员或其他学员来完成。其任务主要是归纳、评析学员中具有代表性的分析意见，对讨论的情况做出评价，同时就讨论中的各种代表性意见所涉及的理论问题做出分析。课堂总结一般不对解决服务管理案例中的问题给出结论性的意见。

（5）学习成绩评定

不论是传统教学方法，抑或是案例教学方法，学员的学习成绩都是教学质量的反映。服务管理案例教学成绩的评定结构、方法与传统的教学方法不同。一般来说，其评分结构可以参考如下比例：课堂讨论发言质量占25%，书面分析报告的质量占25%，期终考试成绩占50%。在进行学习成绩评定时，要注意克服主观随意性。由于服务管理环境的复杂性和服务管理的权变性，服务管理案例没有标准答案可作依据，也就没有准确的评分尺度。它以定性评分为主，因此评定成绩时一定要力求公允。

2. 服务管理案例教学的课堂讨论

服务管理案例教学中一个关键的环节是课堂讨论，因此还需简要介绍一下有关课堂讨论的问题。

课堂讨论是服务管理案例教学中的重要手段，其类型主要有两大类六种：

第一类，教师对学生类

a. 相互询问型。这种类型的对话在教师与个别学员之间进行。教师以一系列提问对学员的观点或建议进行审查，将学员发言的推理过程显现出来，以检查论据是否站得住脚。教师提问的语气可以是对立的、质询式的，但态度要友善、平等，不要盘诘不休，使学员产生误解。

b. 对立型。这一类型是教师为了使讨论更深入，假定坚持某一种论点，而且往往是一种看起来极端片面、似乎站不住脚的论点，请学员从对立面予以反驳。这种课堂讨论的关键是，要求学员主动思考，运用自己所掌握的一切理论知识，包括从案例中所得到的信息、以前学过的服务管理理论和其他相关理论，以及实践经验和生活常识，来分析判断教师所坚持的观点正确与否，并进行论证。

c. 假定型。这个类型与前两个类型不同，它不是由教师向学员提出质询，教师也不充当学员的对立角色。它是由教师依据学员的论点或解决问题的方案，提出一种假定性的情景，作为这个论点或方案的一种极端状态或后果，要求提出论点或方案的学员对此进行解释或评价。通过这种办法，学员对自己的论点或方案进行反思、修改甚至重新提出新的论点或方案。

d. 沉默型。这种类型是教师提出问题后，谁也答不出来，形成一种僵局、冷场的情况。课堂讨论时要尽量避免这种情况的出现。

第二类，学员对学员类

a. 对抗与合作型。这种类型是学员在讨论时互相质疑，或提出异议，或反驳，或辩护。这能充分体现集体分析与讨论的长处，学习者在讨论中互相取长补短，以实现共同提高。

b. 角色扮演型。这是指教师指定一些学员，按照案例描写的情节和人物，分别扮演不同角色。学员按照自己所扮演的角色，提出观点或拿出方案，做出决策，并相互辩论。

第一篇 总 论

第1章 服务与服务经济

由于看问题的角度不同,学界对服务概念的界定亦尚未统一。本部分遵循理解的清晰度原则,暂且根据服务营销学者们的定义,认为服务即具有三种性质(包括非实物性、生产与消费的同时及不可储存性)的交易品。服务经济顾名思义,是个历史范畴,是就人类社会发展的阶段性而言的。一般来说,服务经济是指以服务活动为主导的经济活动类型的经济发展阶段。本章包含的几个案例从当前服务经济发展的态势来看,具有极强的代表性,基本没有传统产业模式的束缚,而且具有纯正服务的性质,是我们当前比较普遍的服务类型,便于学生的理解。

案例1-1:"绝对挑战"——网络招聘的三驾马车

一、案例概览

传统的人才招聘需要花费大量的人力、财力和时间。企业一般是通过平面媒体发布信息,或是通过人才招聘市场寻求合适的人选。这些招聘由于时间、空间的限制,人才供需双方的信息交流受到很大的限制,效率低、成本高。

网络招聘可以快速拉近有职位需求的企业与求职人员的距离,极大地提高个人求职和企业求才的效率。网络招聘中,求职者只需通过网络投递简历或者直接填写电子简历就可以实现异地用户之间的信息传递,使资料的查询、求职者与职位空缺之间的匹配更加迅速、准确。网络的发展给求职者和用人单位搭建了一个高效率与低成本的交流平台。据统计,全球每天有数千万的就业信息在网上发布。在美国,平均每年有50%以上的人通过互联网更换工作,全球500强公司中有88%使用网络招聘员工。我国的网络招聘也得到了迅速发展,网上求职用户数2002年达到117万人,2003年为376万人,2004年为509万人,增速迅猛[1]。艾瑞咨询《2008～2009 年中国网络招聘行业发展报告》的数据表明，2008 年中国网络招聘市场规模达 11.0 亿元，相比 2007 年的 9.7 亿元，年同比增长 13.6%。对比 2004～2006 年的 73.9%的年增长率，速度已经放缓[2]。

由于网络招聘的绝对优势，自 20 世纪 90 年代中期互联网出现之初就涌现了大量的招聘网站。经过激烈的竞争，现在已经形成三足鼎立之势，中华英才网、前程无忧网和智联招聘网统领了网络招聘 70%的份额。在新的人才服务模式出现之前，它们将继续占领这个市场。

中华英才网是国内最早成立的人才招聘网站之一，成立于 1997 年，总部位于北京，在全国共有 12 家分公司，服务覆盖全国 40 多个城市、35 个主要行业，拥有由 1000 余名高素质、专业化的人才组成的人力资源服务团队，与 27 个主要国家建立了人才交互网络，能为企业在不同国家招聘优秀人才。主要产品与服务有：网络招聘、英才招聘宝、英才 SSS、校园招聘、猎头服务等。截至 2008 年的数据统计表明，中华英才网网站日均浏览量超过 2500 万人，拥有超过 2480 万个人注册用户，拥有超过 1940 万份简历，累计超过 193 万家企业注册会员，每天提供超过 317 万个有效职位。

前程无忧网成立于 1999 年，是国内领先的集多种媒介资源优势于一身的专业人力资源服务机构。它集合了传统媒体、网络媒体及先进的信息技术，加上一支经验丰富的专业顾问队伍，提供包括招聘猎头、培训测评和人事外包在内的全方位专业人力资源服务，在全国 26 个城市设有服务机构。公司的目标和工作分为两部分：首先致力于为积极进取的白领阶层和专业人士提供更好的职业发展机会；同时也致力于为企业搜寻、招募到最优秀的人才。招聘猎头服务是其主营业务之一，在国内首创了报纸+网站+猎头+软件+校园招聘的"全方位招聘方案"，拥有上千万的个人用户，并为 20 万家企业成功招募所需人才，帮助企业高效准确地锁定目标，用最短的时间、经济的成本找到最合适的人才。无忧培训为企业提供公开培训、企业内部培训和户外培训服务，每年全国各地开课累计 3000 余天，课程内容涉及管理和个人技能等诸多方面，是目前国内规模最大的专业培训机构。值得一提的是，其专业培训测评顾问能为企业量身定制各种公开课程、内部培训、实战模拟及专业测评方案，帮助企业员工迅速提高职业水平和综合素质，轻松面对工作挑战。同时，作为全国服务平台的人事外包供应商，前程无忧网还根据企业的实际需求，提供专业 HR 事务服务，使企业可以及时引进先进的人事管理模式，规避政策风险，提高员工满意度，节省大量事务性工作所耗费的人力、资金和时间。

---

[1] 熊军. 网络招聘：让人欢喜让人忧[J]. 人力资源，2006（3）：38～40.
[2] 刘雪梅. 招聘网站三国演义[J]. IT 经理世界，2005（4）：50～52.

智联招聘网成立于 1997 年，也是国内最早出现的网络人力资源服务商之一。它的前身是 1994 年创建的猎头公司——智联（Alliance）公司。独特的历史为今天智联招聘的专业品质奠定了基石，并为其积累了宝贵的人力资源服务经验和优秀的客户。智联招聘面向大型公司和快速发展的中小企业，提供一站式专业人力资源服务，包括网络招聘、报纸招聘、校园招聘、猎头服务、招聘外包、企业培训以及人才测评等。智联招聘总部位于北京，在 20 多个城市设有分公司，业务遍及全国的 50 多个城市和地区。其客户遍及各行各业，尤其在 IT、快速消费品、工业制造、医药保健、咨询及金融服务等领域享有丰富的经验。智联招聘网发展势头良好。截至 2008 年 7 月，智联招聘网平均日浏览量达 4000 万人，日均在线职位数达 197 万以上，简历库拥有近 2200 余万份简历，每日增长超过 40000 份新简历。个人用户可以随时登录，并可增加、修改、删除、休眠其个人简历，以保证简历库的时效性。智联招聘网拥有覆盖全国超过 20 个主流城市的智联招聘周刊，与网络招聘形成"线上+线下"的联动跨媒体招聘平台，其总发行量达到 630 万份，到达率超过 3200 万人次。

二、案例解读

当今时代是一个信息、通信、娱乐高速发展的时代，随着产业分工的深化，人类平均寿命延长，人口老龄化加剧，推进了人们对就业、休闲、旅游、卫生保健和护理的需求；生活更复杂化，生活变得越来越机械，越来越多的时间需要在复杂的环境中度过。因此催生了用于放松、娱乐和休闲的新型快速服务机构，也催生了用于支持复杂生活工作的服务，如电子邮件、移动电话、网络银行、电话会议、在线登记等，以及如今盛行的网络招聘，这样可以获得更多的可支配收入和社会文化价值的改变。"什么都自己干"的观念已经发生变化，DIY 已经成为一种体验，而不再是一种生活方式；人们更专注于更有效率的事情；生产技术进步，科技的应用方便了人们的生活，但是产品也变得越来越复杂；复杂的产品创造了对服务的需求；国际化与全球化进一步发展，世界正朝着单一市场演变，服务业需要在全球范围内寻找目标顾客；技术创新使得科技促进了多地点和复杂服务的运作；科技为传统服务业提供了其他的可行选项；服务业所掌握的影响顾客与服务组织的方法，正是作为服务业之一的网络招聘的基础。

1. 网络招聘的发展现状

（1）网络招聘的含义[①]

网络招聘，也被称为电子招聘，是指通过技术手段的运用，帮助企业人事

---

① 改自：http://baike.so.com/doc/5335512.html。

经理完成招聘的过程,即企业通过公司自己的网站、第三方招聘网站等机构,使用简历数据库或搜索引擎等工具来完成招聘过程。一般而言,它是通过两种方式来完成招聘过程的。第一,注册成为人才网站的会员,在人才网站上发布招聘信息,收集求职者资料,查询合适人才;第二,在企业的网站上发布招聘信息,吸引人才。在我国,当前网络招聘的知名网站主要有:前程无忧网、智联招聘网、中华英才网、中国人才热线等。

(2) 网络招聘的发展现状[①]

信息化时代为网络招聘提供了一个技术平台。鉴于传统的人才招聘受到时间和空间上的限制所导致的效率低下且成本高的问题,人们越来越追求快捷方便的网络招聘方式。据统计,全球每天有数千万的就业信息在网上发布。仅在美国,平均每年就有50%以上的人通过互联网更换工作,全球500强公司中有88%使用网络招聘员工。就我国的情况而言,由于网络招聘的绝对优势,自20世纪90年代中期互联网出现之初就涌现出了大量的招聘网站。经过激烈的竞争,中华英才网、前程无忧网和智联招聘网统领了网络招聘70%的份额,形成三足鼎立之势。例如,前程无忧网集合了传统媒体、网络媒体及先进的信息技术,加上一支经验丰富的专业顾问队伍,提供包括招聘猎头、培训测评和人事外包在内的全方位专业人力资源服务,最初在全国26个城市设有服务机构,近年已经增加至104个城市。[②]再如,智联招聘面向大型公司和快速发展的中小企业,提供一站式专业人力资源服务,包括网络招聘、报纸招聘、校园招聘、猎头服务、招聘外包、企业培训以及人才测评等。其客户遍及各行各业,尤其在IT、快速消费品、工业制造、医药保健、咨询及金融服务等领域享有丰富的经验,与网络招聘形成"线上+线下"的联动跨媒体招聘平台。

网络招聘在信息技术发达的国家早已成为一种普遍接受的方式。例如,在美国,网络招聘早已深入人心并成为大学毕业生和职员求职的首选方式。上网找工作已经成为家常便饭,很少还有人再翻报纸寻找就业机会。微软更是信息化管理的领航者,他们在进行网络招聘时,网上招聘信息不仅对外发布,同时也对内发布。微软在全球各个国家的公司有什么职位空缺,都发布在网上,微软的职员可以跨国申请。如果你对某个国家的空缺职位感兴趣,并愿意长期移居过去,便可以发申请信,那个国家微软公司的人力资源部就会对你的技能、业绩做一番调查,然后在网上进行测评,认为你可以胜任,那么你就很幸运地成为那个国家微软公司的员工了,你的一切关系(包括保险、薪酬、福利等)都将转过去。微软已有不少员工通过这种方式到自己向往的国家和职位去工作

---

① 改自:http://baike.so.com/doc/5335512.html。
② 数据来源:http://baike.so.com/doc/2971484.html。

了。

(3) 网络招聘的优势

由于受信息技术发展和普及程度的影响，国内的网络招聘还处于起步阶段。据统计，上网求职主要集中在"北上广"地区。北京上网求职的比例全国最高，其次是上海，再次是深圳和广州，而在内陆地区，网络求职的比例则较低，更多的人还是比较认可平面媒体发布的招聘广告。然而，机遇与挑战并存，网络的高速发展与巨大的信息量赋予了网络招聘得天独厚的优势。如，网络招聘具有费用少、成本低，没有时间和空间的限制，信息覆盖面广（理论上可以覆盖全球），招聘周期长，联系方便快捷，信息收集及时、充分，可缩短企业招聘时间等优点。具体而言，第一，覆盖面广。互联网的覆盖面是以往任何媒介都无法比拟的，它的触角可以轻易地延伸到世界的每一个角落。网络招聘依托于互联网这个平台，达到了传统招聘方式无法获得的效果。第二，方便、快捷、时效性强。网络招聘的双方通过交互式的网上登录和查询完成信息的交流。这种方式与传统招聘方式最大的不同就是它不强求时间和空间上的绝对一致，方便了双方时间和空间的选择。这主要是基于互联网本身不受时间、地域限制，也不受服务周期和发行渠道限制的缘故。互联网不仅可以迅速、快捷地传递信息，而且还可以瞬间更新信息。这种基于招聘双方主动性的网上交流，于无声无息之间，完成了及时、迅捷的互动。第三，成本低。网络招聘在节约费用上也有很大的优势。对于应聘者来说，他们通过轻点鼠标即可完成个人简历的传递。这既节约了复印、打印等费用，还省去了一番舟车劳顿。对用人单位来说更是如此，网络招聘的成本更低。第四，针对性强。网络招聘是一个跨时空的互动过程，无论是用人单位还是个人都能根据自己的条件在网上有针对性地选择，减少了招聘和应聘过程中的盲目行为。同时，一些大型的人才招聘网站都提供了个性化服务，如快捷搜索方式、条件搜索引擎等，这进一步加强了网络招聘的针对性。第五，具有初步筛选功能。构成"网民"主体的是一个年轻、高学历、向往未来的群体。通过上网，招聘者就已经对应聘者的基本素质有了初步的了解，相当于已经对他们进行了一次小型的计算机和英文的测试，从而完成了一次对应聘者的初步筛选工作。[①]

(4) 网络招聘存在的问题

凡事都有两面，网络招聘也不例外，在拥有巨大优势的同时也存在着诸多不足。第一，信息真实度低。网络招聘面临着和传统招聘同样的问题，即信息的真实性问题。如何进行网上身份的认证，以避免虚假信息和不严肃行为的侵入，是困扰网络招聘发展的最大难题。网络招聘中的不真实信息来源于用人单位、招聘网站和个人。例如，有些招聘网站由于没有充足的信息源，就采取"盗

---

① 改自：http://baike.so.com/doc/5335512.html。

用"知名招聘网站信息的做法。明明一个公司的招聘已经结束，但是还将过期的招聘信息和作废的 E-mail 信箱挂在公司根本没有正式委托过的网站上误导应聘者。同时，由于技术能力的限制，国内大多数招聘网站无法做到对每条信息的真伪——甄别，网站会员的登记还没有真正实行"实名制"，也没有强制性的核查和惩罚措施，因此企业可以随意发布虚假信息，骗取报名费和培训费，个人也可以随意填写虚假简历和信息。第二，应用范围狭窄与基础环境薄弱。中国整体的网络环境还不成熟，网络技术在国内企业和普通百姓中并不普及，适合在网上招聘的工作岗位较为单一，那些可能采用网络招聘的企业大都局限在计算机应用普及率较高的行业，招聘对象也多局限于一些文化水平较高的人员。此外，在现有的网民结构中，使用网络较多的是年轻一族，或者是从事高新技术产业的人，这样就使得应聘人群受到限制。同时，我国网络基础环境薄弱也是限制网络招聘发展的一个重要原因。一方面由于计算机等硬件资源有限，具备上网条件的群体相对较少；另一方面，我国的网带宽度有限，上网速度比较慢。因此，在目前的技术水平下，通过网络搜集求职信息、开展电子测评与电子面试等是比较困难的（比如一些电子面试置信度无法保证，成本又较高）。第三，技术和服务体系不完善。网络招聘并不是简单地把招聘信息搬上网，一"挂"了事。除了需要具备必要的技术实力以外，招聘网站还必须对人力资源有深刻的理解，需要有较强的市场策划与推广能力，以吸引更多的应聘者。这就要求网络招聘具备比较完善的技术支撑和服务体系。然而大多数招聘网站在深层次的服务上还很薄弱，对人才市场、市场供求倾向、薪资水平、相关人事制度变化等方面的分析和咨询服务也十分有限。网络招聘的服务体系还处于初步发展阶段，需要进一步改进。另外，软件版本及其兼容问题等也极大地限制了网络招聘的发展。同时，虽然我们有一些网络管理机构，但是并没有对网络招聘负责的部门，也缺少规范网络招聘的政策法规。因此，网络招聘市场秩序比较混乱，急需进一步完善相关技术与服务体系。第四，信息处理的难度大和网络招聘的成功率较低。信息的极大丰富也就意味着信息的极大泛滥。先进的网络技术极大地提高了信息传递的速度，对于一个职位会同时产生许多的求职者。在招聘组织收到极为丰富的简历的同时，也会出现简历数量过于庞大、人力资源部门不得不花费大量的时间进行筛选、疲于应付的现象。此外，大量无效的信息还会增加真正合格的候选人被漏选的可能性。

我国的网络招聘正处于发展的初级阶段，有巨大潜力的同时也有明显的缺陷。但我们不能摒弃不用，而是应当加以正确对待并积极地改进和完善。首先，**网络招聘应该健全立法**。互联网的发展日新月异，而中国在网络立法方面，国家层面的立法相对滞后。现有的相关法律几乎没有针对网络招聘的，也没有相关案例可以借鉴，因此加强网络立法势在必行。只有这样才能形成一个规范、有序的网上人才市场。其次，对招聘网站、招聘单位及招聘者都应进行思想道德教育，使他们用道德规范来约束自身行为，从而减少虚假信息和过时信息。再次，建立规范的管理制度，明确网站、招聘单位和个人发布虚假信息应承担的责任。尤其是招聘网站应负有连带责任，这样可促使其对招聘单位和个人的信息进行监管。对所有参加其网络招聘的单位都要进行"资质验证"，要求对方出示相关证明，以确定其合法性，同时对其人才需求状况进行相应的调查核实，以减小虚假信息的影响。最后，还可以采取适当的收费服务形式。网络招聘中的大量问题是由当事人的不严肃行为造成的。从经济学角度来讲，低成本的资源如果不加以有效的控制和管理，必然导致低效率配置，造成资源浪费。在立法不健全、管理难到位的情况下，必然无法对成本低廉的网络招聘进行有效的监督、管理和控制。对于这种情况，可以通过适当提高网络招聘行为成本的方式（收取一定的服务费），达到限制"消极应聘者"和预防不严肃行为的目的。

总之，网络招聘将是一个长期的趋势。现今网络招聘市场被前程无忧网、中华英才网以及智联招聘网三分天下，还有其他国内知名招聘网站及众多区域性招聘网站紧随其后，竞争日益激烈，市场风云变幻。但近年来，我们从国内网络招聘市场的经营状况不难看出，国内招聘网站同质化的产品和服务与用户的需求越来越背道而驰，流量不等于质量，市场不等于收益，行业创新，迫在眉睫。但不论怎么说，服务经济的兴起已是摆在我们面前的不可忽视的时代课题。自20世纪中期以来，世界经济结构发生了深刻的变革，自工业革命以来长期占据主导地位的制造业在西方国家国民经济中的比例日渐减少，作用日渐削弱，而门类繁多的新兴服务部门蓬勃发展，全球经济正在进入服务经济时代。服务经济是近五十年来崛起的新的经济形式，它在国民经济构成中占有极其重要的地位，涵盖了服务业乃至对外服务贸易的广阔的市场经济门类与形式。在我国，服务经济刚刚起步，但随着市场经济的发展，它日益受到政府主管部门的高度重视。它是我国正在进行的产业结构调整升级的主要途径，关系到未来经济发展的走向与创新，具有十分重要的战略意义。[①]因此，加强服务经济的研究和探索紧扣时代主题，是我国经济发展避不开的课题。

三、思考题

1. 随着经济社会的发展，谈谈网络招聘发展的趋势。
2. 结合自己的经历，谈谈你是如何看待网络招聘这一服务的。

---

① 改自：http://baike.so.com/doc/5988978.html。

案例 1-2：天下没有难做的生意
——阿里巴巴第三方交易服务[①]

一、案例概览

阿里巴巴集团（http：//www.alibaba.com/）前身为1999年成立的阿里巴巴网络有限公司。1999年，马云与另外17人在中国杭州市创办了阿里巴巴网站，为中小型制造商提供一个销售产品的贸易平台。其后，阿里巴巴迅速成长，成为国内主要的网上交易市场，使全球的中小企业通过该市场寻求贸易伙伴，实现彼此沟通并达成交易。

阿里巴巴网络有限公司（香港联合交易所股份代号：1688）于2007年11月6日在香港联合交易所上市，现为阿里巴巴集团的旗舰业务。目前，阿里巴巴每天通过旗下三个网上交易市场连接世界各地的买家和卖家，其国际交易市场（alibaba.com）集中服务全球的进出口商，中国交易市场（alibaba.com.cn）集中服务中国内地本土的贸易商，而日本交易市场（alibaba.co.jp）通过合资企业经营，主要促进日本外销及内销。三个交易市场形成一个拥有来自240多个国家和地区的4000万名注册用户的网上社区。到1999年年底，该网站的日点击率就达到了8万次。2000年10月，阿里巴巴又推出"中国供应商[②]"，以帮助中国卖家扩大出口贸易。直到现在，中国供应商都是阿里巴巴的主要收入来源。为了解决网络交易的诚信问题，阿里巴巴在2001年8月为国际卖家推出国际站"诚信通"会员服务，次年3月又为从事中国国内贸易的卖家和买家推出中国站"诚信通"服务。"诚信通"试图建立一个基于互联网的、全球性的商业信用体系，作为"诚信通"会员还可以获得优先的商机。

就在美国C2C交易模式得到普遍认可的时候，马云决定进军这一领域，2003年5月，以实现个人交易为目的的淘宝网（www.taobao.com）正式上线。目前，淘宝网在中国网络零售的市场份额超过75%，成为中国最大的互联网零售网站。从收藏品、不易找到的特例品到主流零售类商品如消费类电子产品、服装服饰、体育用品和家居用品，淘宝网提供了最全面的商品销售。截至2010年年底，淘宝网注册用户达到3.7亿，在线商品数达到8亿。同时，以淘宝商城为代表的B2C业务交易额在2010年翻了4倍，未来几年也仍将保持这一增长

---

① 资料改编自：仲长江. IBM的服务转型[J]. 企业改革与管理，2006（12）：70～71；石菲. IBM的服务阻击战[J].中国计算机用户，2008（27）：28～29；戴妮. 像用水用电一样用IT[J]. 物流时代，2009（1）：71～72.

② 中国供应商的具体功能有3个：一是帮助客户用各种手段展示他们的产品及企业；二是帮助客户去参加各种展会；三是教会客户如何应付国外客商，包括书面邮件上的和面对面时的表达方式与必要的礼仪。

速度。同时，数据显示，淘宝网单日交易额峰值达到 19.5 亿元，分别超过北京、上海、广州三地社会消费品零售单日额。同时，二三线地区网购继续保持高增长，3 个增速最快的地区，有 2 个来自二三线区域。[①]在全球最大的互联网用户群中，淘宝网是他们网络购物的首选目的地。

对于阿里巴巴来说，淘宝网是其整合电子商务的第一步。淘宝网的开通为中国数量巨大的个体商户提供了交易平台，"诚信通"的运行机制在淘宝网上得到了成功的应用。早在 2008 年，阿里巴巴集团宣布将在未来 5 年中对淘宝投资 50 亿元人民币，用以增强淘宝的品牌和技术实力。要真正实现电子商务，仅有信息流是不够的，还需要解决支付问题。而在中国，信用和金融垄断是阻碍网络支付的两大难题。在买卖双方的信用难以保证的情况下，阿里巴巴利用自己的信用来做第三方支付。2005 年，通过与中国几大国有银行的通力合作，阿里巴巴完成了第三方支付平台的建设，支付宝（www.alipay.com）正式上线。

支付宝提供的第三方信用担保服务，降低了消费者网络购物的交易风险。买家可以在满意购物之后再付款给商家。支付宝对中国零售电子商务的迅速发展起到了巨大的推动作用。目前，支付宝已经与超过 300 个全球零售企业合作，并支持 12 种外币的支付服务。如今，支付宝是中国领先的第三方支付平台，致力于为中国亿万网络消费者提供安全可靠、方便快捷的在线支付服务。它是个人消费者和商家均可选择的支付服务，据艾瑞咨询集团《2008~2009 年中国网上支付行业发展报告》统计，支付宝占有超过 50%的第三方支付市场份额。2012 年有超过六千万人使用支付宝进行转账，日交易额已突破 60 亿元。[②]

作为网络交易平台，搜索功能是非常重要的。阿里巴巴为了在搜索技术上占领制高点，于 2005 年 8 月与雅虎达成协议，由雅虎出资 10 亿美元获得阿里巴巴的 40%的股权分配权，并将雅虎中国划归阿里巴巴旗下。阿里巴巴看重的正是雅虎的搜索技术，希望将雅虎的搜索与自己的电子商务平台有机地结合起来，成为网络商务的巨无霸。现在，雅虎中国和阿里巴巴旗下的口碑网合并成雅虎口碑网，为中国互联网用户提供以搜索、地图和社区关系技术见长的本地生活服务信息。雅虎口碑网站（www. koubei.com）为超过 2000 万注册用户提供遍布中国 2000 多个城市、地区的本地生活信息，包括酒店、租赁、家政服务、招聘、旅游和娱乐信息。同时，阿里巴巴在 2007 年成立了阿里软件，为中国的中小企业开发、销售基于互联网的商业管理软件。通过软件服务化（SaaS）模式，阿里软件为中小企业提供低成本、易操作的企业和财务管理工具。据易观国际的《中国 SaaS 市场年度综合报告（2009）》统计，阿里软件取得了中国软

---

① 淘宝宣布注册用户达到 3.7 亿，新浪科技，2011-01-06。
② 数据来源：http://www.pnetp.org/2013_03/news/detail9326.htm。

件服务化市场40%的市场份额。阿里软件是亚洲第一家推出"软件互联"平台的公司，整合了先进的互联网、电信和应用软件资源。在中国迅速扩展的独立软件开发商的支持下，阿里软件的软件互联平台形成了一个在线的软件超市，使中小企业用户自行选择需要的软件，按需付费。

总的来看，阿里巴巴在电子商务服务领域的主要贡献有：第一，整合网络资源，建立一体化的综合交易平台。阿里巴巴的目标就是建成一个综合交易平台，从金融、技术、物流、信息资源等各方面为企业提供完整的网上交易环境和解决方案，使其用户找到可信赖的企业合作伙伴与消费者，并使这些合作伙伴完成交易，获得信息流、资金、物流的服务。阿里巴巴把其网上贸易平台从一个"meet"平台打造成一个"work"平台，让所有的中小企业都到阿里巴巴上来运营，把中小企业CRM、HR、供销管理等全搬到阿里巴巴的交易平台上。第二，完善交易流程，建立电子商务支付体系和诚信机制。为了解决网络诚信问题、支付问题及物流问题，阿里巴巴与中国建设银行、中国工商银行、中国农业银行等国内众多金融机构展开战略合作，建立第三方支付业务。阿里巴巴用互联网技术打造了一个信用平台，让买家和卖家在这里"见面"，通过一套"互评"体系完成"诚信商圈"的建设。同时以中小企业的信用和诚信记录为参考依据，为中小企业提供系列授信评价、信贷服务。此外，阿里巴巴还联合传统物流巨头组建物流平台，用"拼船、拼箱"等效率化运作和规模化运作来降低中小企业的物流成本。第三，扩大网上交易客户群，实现国际化经营。由于阿里巴巴电子交易平台上很多中小企业是外向型企业，所以阿里巴巴要扩大客户群就必须实现国际化经营。这不仅为我国中小企业打开了国际市场，而且也为全世界的商家创造了交易机会。阿里巴巴目前提供给中小企业完备的网站功能的店铺已经有200多万家，其数量已经远远多于线下的独立网站。从客户的规模结构来看，阿里巴巴定位在中小型企业，秉承了互联网领域的"长尾理论"[①]，发挥边际变动成本极低的优势。同时，阿里巴巴与软件巨头微软公司和网络巨头思科公司结成全球战略联盟，共同对中小企业的通信、网络、软件服务平台进行整合，提供全面的企业信息服务。

2008年，马云在《中国新通信》上撰文指出："这四年来，我坚定不移地认为，中国一定会成为全世界最强大的互联网国家。在最强大的互联网国家中一定会诞生最强大的互联网公司，而互联网公司凭着它的开放、共享、责任、全球化，会影响整个中国的经济、政治和生活方式。"阿里巴巴正是在这样的信

---

① 长尾（The Long Tail）这一概念是由美国《连线》杂志主编Chris Anderson在2004年10月的"长尾"一文中最早提出，用来描述诸如亚马逊和Netflix之类网站的商业和经济模式。"长尾"实际上是统计学中Power Laws和帕累托分布（Pareto）特征的一个口语化表达。一个简单的解释是：只要存储和流通的渠道足够大，需求不旺或销量不佳的产品共同占据的市场份额就可以和那些数量不多的热卖品所占据的市场份额相匹敌甚至更大。引自：http://baike.so.com/doc/5608806.html。

念中走向辉煌。①

二、案例解读

阿里巴巴公司是全球电子商务的领导者，也是中国最大的电子商务服务公司。自1999年成立以来，阿里巴巴集团茁壮成长，已拥有五家子公司，员工数量从最初的18人发展到超过10000人，发展势头强劲，据阿里巴巴发布的财报数据：2008年第一季度营收6.801亿元，2007年同期为4.439亿元人民币，2007年第四季度此项收入为6.345亿元人民币。国际交易市场部分达到4.641亿元人民币，2007年同期为3.247亿元人民币，2007年第四季度收入为4.451亿元人民币。中国交易市场部分达到2.159亿元人民币，2007年同期为1.191亿元人民币，2007年第四季度收入为1.893亿元人民币。阿里巴巴十年间的发展代表着电子商务在中国的发展，其盈利模式的经验和教训对于我们研究电子商务企业盈利模式具有重大的意义。

1. 盈利模式——价值创造②

客户价值的概念是从用户角度定义的，即用户对企业提供的产品或服务认同并愿意接受的价值。如果用户愿意支付的价值超过企业提供产品或服务所需的成本，那么企业就有盈余或盈利。阿里巴巴CEO马云说过："你能给顾客创造多少收益，你就能得到多少收益。"就是这个道理。阿里巴巴价值目标的设定和实现是一个循序渐进、逐步拓展的过程，可以概括为：信息交流—交易平台—诚信保障—支付中介—搜索工具。20世纪末，电子商务开始在中国萌芽，大多数国内企业对这一新生事物还懵懵懂懂，如雾里看花，而与此同时，由于受传统交流媒介的限制，商务活动中存在着严重的信息不对称现象，商家极其渴望准确及时地得到市场信息。正是因为敏锐地察觉到这一点，新成立的阿里巴巴给自己做了一个务实的定位——专做信息流。它从最基础的提供信息交流平台开始，在其运营的"Alibaba.com"上为寻求交易的企业免费发布产品及服务信息。这种免费使用使得阿里巴巴的人气剧升，经过短短的一年多时间（截至2000年12月5日）登录该网站的企业已经达到了97万家，并且仍以每天2500家的速度快速增长。由此，阿里巴巴达到了吸引眼球、网罗用户的目的，截至2001年12月27日，其注册会员数已达到100万名，为日后的收费服务奠定了广泛的客户基础。在已经打出一定知名度及拥有大量会员的基础上，阿里巴巴开始着手建立一个便捷的网上交易平台，为国内外企业提供Web站点构筑和维护管理、网站推广、交易订单管理等服务，通过促成买卖双方的交易收取服务

---

① 资料来源：郑作时. 阿里巴巴：天下没有难做的生意[M]. 杭州：浙江人民出版社，2005.
② 倪娟. 电子商务的盈利模式研究[D]. 南京理工大学，2005：29.

费用。

  2002年3月，阿里巴巴和信用管理公司合作，启动了"诚信通"计划，通过一定的指标审核商家的诚信度，解决网络商家与买家之间的信任问题。2003年10月，阿里巴巴又在淘宝网推出了第三方支付平台——"支付宝"，作为诚信、中立的第三方机构，发挥保障货款安全及维护买卖双方利益的作用，解决电子商务支付环节的安全问题，同时与自己的交易平台相辅相成，进一步扩大客户群。接着，在2005年，阿里巴巴再度出手并购了全球最大门户网站雅虎的中国公司从而涉足搜索领域。如此这般，阿里巴巴按部就班地实现了其关于电子商务四大基础——市场、信用、支付、搜索的理念，并不断发掘新的价值源泉，创造新的利润增长点。从服务特征角度来看服务管理者面临的各种问题和挑战，下面我们来看看阿里巴巴应对这些挑战的成功做法（见表1-2-1）。

表1-2-1 阿里巴巴的成功做法[①]

服务特征	管理挑战	阿里巴巴的成功做法
无形性	服务创新没有专利 服务企业声誉非常重要 无形性的有形展示	阿里巴巴于2007年11月6日在香港联合交易所上市。 声誉资源：现在有许多国家和个人都推荐使用阿里巴巴。 为了解决网络交易的诚信问题，推出国际站"诚信通"会员服务。 支付宝的信誉：在淘宝网推出了第三方支付平台——"支付宝"，作为诚信、中立的第三方机构，发挥保障货款安全及维护买卖双方利益的作用，解决电子商务支付环节的安全问题，整合网络资源，建立一体化的综合交易平台。
同时性	顾客参与要求关注服务环境 服务流程设计要考虑顾客的参与 顾客与服务人员的交互作用 服务能力直接随需求而变化 服务是开放系统 服务质量控制困难 顾客参与生产的管理	阿里巴巴是全球最大的B2B电子商务平台，其拥有的客户数量非常之多。 人性化服务：从人性化的页面到人性化的功能操作，以及人性化的论坛，最重要的是人性化的线下和售后服务，同时热情地指导企业进行上网服务，比如电话指导和网上、网下的贸易培训等。

[①] 表格资料改编于：李枫林.现代服务管理理论与实践[M].武汉：武汉大学出版社，2010：44.

续表

服务特征	管理挑战	阿里巴巴的成功做法
异质性	顾客体验要求关注服务环境 服务流程设计要考虑顾客的体验 顾客与员工的交互作用 考虑顾客体验的感官和心理 个性化服务与标准化服务 服务质量控制困难 组织结构与管理授权 人的作用与信息技术 服务保证与服务补救	定位：为中小企业服务，尽量开发一些操作简单的功能，例如阿里巴巴围绕四个版块来操作：我要销售、我要采购、以商会友、我的阿里助手等。 五大业务：包括 B2B，C2C，搜索引擎，第三方支付（支付宝）和企业软件，所以阿里巴巴的多元化服务是成功的。 财务资源：资金实力雄厚。 人力资源：公司拥有资深的管理层人员。 组织资源：强大的系统，支付宝、阿里软件更增加了实力。 注重顾客投诉与索赔等售后问题的处理。
易逝性	服务无法储存 等候或排队问题是服务管理的重要问题 服务效率提高	阿里巴巴是全球最大的 B2B 电子商务平台，其拥有的客户数量非常之多；通过会员注册，稳定需求；调整服务能力；网上交易，无须排队等候。
顾客参与性	借助新技术	阿里巴巴收购雅虎中国全部资产，同时得到雅虎 10 亿美元投资，阿里巴巴还获得雅虎品牌在中国无限期使用权。 微软（中国）有限公司和阿里巴巴软件（上海）有限公司对外宣布，双方将在面向中小企业和商务机构的电子商务及信息技术服务领域展开战略性合作，协力进行包括电子商务、企业管理、办公自动化和企业通信等在线服务的创新合作。 多种支付方式：支付宝、银联 CHINAPAY 等。

2. 盈利模式成功的原因[①]

（1）专做信息流，超大高效的信息平台

2005 年在广交会期间主办的电子商务研讨会中，马云阐述了以下观点，即中国电子商务将经历三个阶段：信息流、资金流和物流阶段。目前还停留在信息流阶段。交易平台在技术上虽然不难，但没有人使用，企业对在线交易基本上还没有需求，因此做在线交易意义不大。这是阿里巴巴最大的特点，就是做

---

① 倪娟. 电子商务的盈利模式研究[D]. 南京理工大学，2005：38～41.

今天能做到的事，循序渐进地发展电子商务。阿里巴巴网站是一个电子版的大集市，每天 2000 多条来自全球范围的最新供求信息（囊括 27 个行业 1000 多个产品分类的商业信息）供大家随时查询。通过阿里巴巴的"贸易通"产品服务，各厂商可在阿里巴巴的平台上针对每条具体的供求信息、产品信息进行买卖、合作、代理等商务活动，使得信息能够真正地发挥作用，带来效益。阿里巴巴的信息服务会员，都是免费的，而且每天的信息量是联合国贸发组织的 40 倍，对于理性的企业来说，目前在网上还没有理想的阿里巴巴替代品，要通过网站获得如此大的信息量，降低交易成本，达到高效交易的目的，阿里巴巴是它们唯一的选择。

具体而言，阿里巴巴在充分调研企业需求的基础上，将企业登录汇聚的信息整合分类，形成网站独具特色的栏目，从而使企业用户获得有效的信息和服务。阿里巴巴主要的信息服务栏目包括：①商业机会：有 27 个行业 700 多个产品分类的商业机会供查阅，通常提供大约 50 万条供求信息。②产品展示：按产品分类陈列展示阿里巴巴会员的各类图文并茂的产品信息库。③公司全库：堪称公司网站大全，目前已经汇聚 4 万多家公司网页。用户可以通过搜索寻找贸易伙伴、了解各个公司的详细资讯。会员也可以免费申请将自己的公司加入阿里巴巴"公司全库"中，并链接到公司全库的相关类目中以方便会员有机会了解公司全貌。④行业资讯：按各类行业分类发布最新动态信息，会员还可以直接通过电子邮件分类订阅最新信息。⑤价格行情：按行业提供企业最新报价和市场价格动态信息。⑥以商会友：即商人俱乐部。在这里会员交流行业见解，谈天说地。尤其是咖啡时间为会员提供每天的新话题，为会员分析如何做网上营销等。⑦商业服务：航运、外币转换、信用调查、保险、税务、贸易代理等咨询和服务。这些栏目为用户提供了充满现代商业气息、丰富实用的信息，构成了网上交易市场的主体。

（2）个性化服务，满足不同消费者需要

阿里巴巴采用本土化的网站建设方式，针对不同国家采用当地的语言，简易可读，这种便利性和亲和力将各国市场有机地融为一体。阿里巴巴已经建立运作四个相互关联的网站：英文的国际网站（www.Alibaba.com）面向全球商人提供专业服务；简体中文的中国网站（china.Aliaba.com）主要为中国内地市场服务；全球性的繁体中文网站（chinese.Alibaba.com）则为处于中国台湾、中国香港、东南亚乃至全球的华商服务；韩文网站（kr.Alibaba.com）针对韩文用户服务。而且即将推出针对当地市场的日文、欧洲语言和南美网站。这些网站相互链接，内容相互交融，为会员提供一个整合一体的国际贸易平台，汇集全球 178 个国家（地区）的商业信息和个性化的商人社区。

阿里巴巴还为厂商提供了整合完善的互动渠道和自助的贸易机会，使他们能够自己寻找所需信息并进行交易。例如，阿里巴巴推出自助服务项目"创建产品目录"，会员可在此建立和编辑自己的产品目录；"我的公司"一栏，厂商可以在此创建自己的网页，图文并茂地展示商品，并把公司网页加入阿里巴巴"公司库"，而在"公司库"这一中文公司网站大全中，又可以按行业类别查询各类公司资讯。厂商甚至可以创建一个完全由自己更新、自己维护的自助式商务网站，更加全面、准确地宣传自己。通过网站让厂商自己提供信息，使厂商具有更大的能动性，网站的信息服务随之变得更加完善、周到和细致。

阿里巴巴国际交易市场服务全球240多个国家和地区数以百万计的买家和供应商[①]，从而形成了一个巨大的网络商务社区。"阿里巴巴以商会友虚拟社区"提供的服务咨询和行业论坛等专栏，不仅介绍阿里巴巴各项服务的用途、用法，提供行业咨询，还给会员参与的机会。用户注册成为会员后，既可在这些栏目中就经贸话题发言、探讨，又可观摩、借鉴其他会员的经验，还可交流电子商务心得，学习贸易常识。如果遇到问题，也可以在留言板上留言，阿里巴巴不再局限于一个冷冰冰的电子商务平台，而是一个互动互助的网上大家庭，为商人们提供了一个运筹帷幄、群策大计的场所，使各厂商在自助的同时得以互助。阿里巴巴每一位会员发布的每一条信息，都有行业专职信息编辑对其进行加工和处理，以给会员提供高质量、高附加值的信息服务，减少垃圾信息和虚假信息。阿里巴巴的专职编辑给每位会员提供的人工物化劳动是阿里巴巴得到会员服务认可的重要因素。在百万会员的网站服务上，阿里巴巴越来越突出专业、细分的服务手段和方式，从而实现个性化的服务，以满足不同消费者的需求。

（3）成功的营销，打造一流品牌

阿里巴巴实行低会员准入门槛来聚集网络人气。在起步阶段，网站放低会员准入门槛，以免费会员制吸引企业登录平台注册用户，从而汇聚商流、活跃市场，会员在浏览信息的同时也带来了源源不断的信息流和无限商机。阿里巴巴会员多数为中小企业，免费会员制是吸引中小企业的最主要因素。在市场竞争日趋复杂激烈的情况下，中小企业当然不肯错过这个成本低廉的机遇，利用网上市场来抓住企业商机。大大小小的企业活跃于网上市场，反过来为阿里巴巴带来了各类供需，壮大了网上交易平台。在中国，众多中小企业对进出口总额的提高起着重要作用，但是他们规模小，销售渠道窄，商品需求信息缺乏；他们急需开拓国际市场，但却无力负担昂贵的差旅费和广告费或在其他地方开设办事处的费用。这种情况不只是中国存在，在其他国家和地区也是如此。阿里巴巴为了满足这一需求，独创式地推出了主要面向中小企业提供B2B进出口

[①] 阿里巴巴官网：http://page.1688.com/.

信息服务的模式，旨在宣传推广这些企业的产品，为其形象和产品进行展示，使其降低成本，创造销售机会。

阿里巴巴多次参加了福布斯的评选，提升了阿里巴巴的品牌价值和融资能力。阿里巴巴与日本互联网投资公司软银（Softbank）结盟，请软银公司首席执行官、亚洲首富孙正义担任阿里巴巴的首席顾问，请世界贸易组织前任总干事、现任高盛国际集团主席兼总裁彼得·萨瑟兰担任阿里巴巴的特别顾问。通过各类成功的宣传运作，阿里巴巴多次被选为全球最佳 B2B 站点之一。2004 年 9 月 10 日，阿里巴巴和杭州电子科技大学、英国亨利商学院联合成立阿里学院。学院成立的目的，一是培训客户，强化电子商务知识，包括做出口贸易政策法规的培训；二是培养阿里巴巴内部的员工，提升其业务能力。阿里学院的课程主要针对诚信通会员和"中国供应商"会员，重点在于电子商务培训、包括电脑、网络操作、贸易和外贸知识、网站操作和产品使用。阿里学院是中国互联网行业中第一个企业商学院，专门为企业培养电子商务应用型人才，并推出阿里巴巴电子商务认证。作为国内首张实战性电子商务证书，该认证不仅意义非比寻常，而且对"阿里巴巴"品牌的根深蒂固也很有帮助，因为培养技能只能用一时，培养一种理念可以用一辈子。曾任大学教师的马云，一直扮演着互联网、创业教父的角色。阿里巴巴旗下的阿里学院未来的发展绝对不只限于做电子商务培训第一机构，它必将成为中国培训界名列前茅的机构！阿里巴巴直播中心等产品，现在主要围绕着商人所需要的信息，未来将走向多元化。其他的现有产品和以后朝着多元道路发展过程中出现的产品将共同充当阿里巴巴互联网生态的基础设施。

（4）信用风险的有效防范

随着电子商务交易的不断增加、线上线下交易的持续频繁，电子商务交易中的信用问题就随之凸显出来，成为一个制约电子商务发展的瓶颈。阿里巴巴公司在信用风险的有效防范上可以说是其他电子商务企业的楷模。但是网络交易的诚信度并非一天可建立的，为把阿里巴巴打造成一个诚信、安全的商务社区，2001 年 9 月阿里巴巴在国际网站上全面推出企业商誉的量化工具"诚信通"。这一网上交互式信用管理体系结合传统认证服务与网络实时互动的特点，将信用与展示产品相结合，从传统的第三方认证、合作商的反馈与评价、企业在阿里巴巴的活动等多方面、多角度、不间断地展现企业在电子商务中的实践和活动，为每个使用该服务的企业建立网上信用活档案，对于一个在交易中迫切想知道对方诚信和资信状况的厂商来说，在看过对方的"诚信通"信用记录后便可心中有数，因为它如实记载了对方企业在阿里巴巴网站上所作出的任何行为。当然，购买"诚信通"并不等于有了诚信，但这种对拥有诚信的意思表示，至少使会员成为身份真实表述的用户。从2002年3月10日开始，所有希望在阿里巴巴中文网站获得贸易信息及反馈的新加入的会员都必须购买这个每年2000元人民币的产品。至此，阿里巴巴网站的诚信度进一步提高，网站也将更加成熟与完善。

三、思考题

1. 阿里巴巴盈利模式的不足之处有哪些？这说明了什么问题？
2. 阿里巴巴盈利模式的发展趋势是什么？

案例1-3：陕鼓集团的战略转型①

一、案例概览

1. 陕鼓集团发展中的问题

陕西鼓风机（集团）有限公司（以下简称陕鼓）是设计制造以透平机械为主的大型成套装备企业，1975年建成投产。2001年以前，陕鼓核心产品的国内市场占有率很高，其一直以制造单一的风机产品为主营业务，发展平稳。2001年以后，集团管理层发现，陕鼓平稳的发展中暗藏危机。国内企业的发展只关注自身生产能力的扩张，却没有关注顾客的真正需求，并且盈利模式位于价值链低端，以消耗资源和污染环境为代价，通过销售单一的制造产品获取单一的销售利润，经营风险较大。

2. 从"制造"到"服务组合"：两个转变的发展战略

针对存在的问题，陕鼓在行业内率先转变企业盈利模式，从强化企业核心竞争能力着手，制定并实施了"两个转变"的发展战略，即"从出售单一风机产品向出售个性化的透平成套机组问题的完整解决方案和出售系统服务转变"和"从产品经营向品牌转变"，通过战略转型使陕鼓从一个传统的单一风机制造企业转变为以透平机械为核心，为客户提供系统集成和系统服务的大型企业集团，走高端、高效的发展之路。企业提出以下转型的原则：以客户为中心，研究市场需求；以服务为原点，扩大市场空间；以研发为基础，奠定市场地位；以共赢为基础，整合社会资源。在这些原则的基础上，陕鼓提出了具体的实施方案，包括（1）功能的系统解决方案；（2）专业化的维修服务；（3）专业远程

---

① 案例资料来源于吴贵生参加的"中国式管理"项目对陕鼓集团的调研，部分参考了由吴贵生撰写的陕鼓调研分析报告内容。

设备状态管理服务,从事后补救转向事前监控;(4)专业化的系统备品备件物流服务;(5)现金流和融资管理的集成服务。在实施战略转型之后,陕鼓形成了新的盈利模式(见图1-3-1)。陕鼓的新盈利模式包括两方面:一方面,通过提供高技术含量、高附加值的问题解决方案获取服务利润;另一方面,通过向供应商批量采购及业务分包赚取管理与服务的溢价收益。盈利模式的转变使陕鼓的利润点从一个(销售利润)演变为多个(技术、管理与服务均成为利润源泉),大大拓展了企业发展的空间。

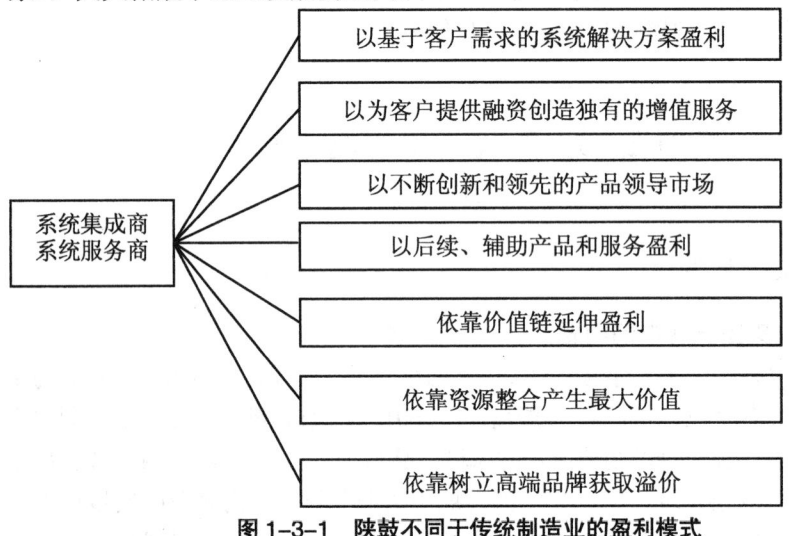

图1-3-1　陕鼓不同于传统制造业的盈利模式

3. 战略实施:组织架构调整、管理体系保障与外部资源整合

为顺利实施两个转变战略,陕鼓重点进行了组织结构调整与管理制度完善。(1)组织结构调整。首先,陕鼓战略转型后,增设了产品服务中心、质量保证部(将产品质量控制职能从技术部门分离出来)强化客户服务的职能。其次,按照现代企业管理的特点与要求,陕鼓将其他管理职能进行梳理和分类,撤并了一些临时性、过渡性或带有典型计划经济时代特征的管理机构(如干部处、劳资处、企管处、价格处),增设了市场部等新型管理中心,调整与充实了财务总监办公室、审计处(审计与财务职能分离)、质量保证部的职能,使企业整个组织结构系统能够适应系统集成与系统服务业务流程的基本要求。(2)管理制度保障。陕鼓根据自己的战略目标和重点在业务流程重组的基础上完善战略管理考核制度、经济责任考核与管理制度、员工绩效考核与管理制度,使企业发展战略目标能够分解为公司、部门、个人不同层次的绩效考核指标,将战略实施措施真正落到实处。(3)外部资源整合。陕鼓通过有效整合与利用企业外部

资源，通过市场交易方式实现资源的最佳配置，包括以下方式：①与重点客户合作，获取稳定的市场；②与配套厂商合作，获取强有力的配套支持；③与重点外协厂商合作，向虚拟制造转移；④与金融机构合作，获取理财收益；⑤与原材料供应商合作，实现原材料零库存；⑥与社会专家、机构合作，获得"外脑"的智力支持。

4. 战略转型的实施效果

（1）产值中服务业创造的价值比重持续上升。2005年陕鼓的25亿元产值构成中，企业制造加工产品的产值已降至44%，通过技术+管理+服务完成的产值占到56%。（2）经济指标快速增长。2000年年底，陕鼓净资产为2.24亿元，2005年年底增至9.32亿元，是2000年年底净资产的4.14倍。目前，陕鼓人均劳动生产率为29.86万元/年，比2000年提高了8.86倍，是国内制造业平均水平（9.24万元/年）的3.23倍。（3）陕鼓企业品牌价值快速增值。2004年，陕鼓牌轴流压缩机荣获国家科技进步二等奖。2006年，陕鼓牌商标被国家工商行政管理总局授予"中国驰名商标"称号，经中国品牌资产评价中心综合评估，品牌价值为23.03亿元。（4）陕鼓行业地位迅速提升。2002年，陕鼓主要经济指标在行业内首次排名第一。2005年和2006年，陕鼓在风机行业依旧排名第一，而且，经济规模和经济效益指标均较大幅度领先国内同行企业。（5）陕鼓与国外一流企业的差距明显缩小。例如，陕鼓的人均销售收入从2001年不足德国MAN透平的1/20，达到2009年的1/4强；人均利润趋于接近；销售利润率和净资产收益率已经超过了MAN透平。

二、案例解读

1. 陕鼓实行战略转型

（1）陕鼓实行战略转型的主要原因：2001年以前，陕鼓一直以制造单一的风机产品为主营业务，依靠产品优势，陕鼓的发展过程比较顺畅，但发展速度较为平缓。2001年以后，集团管理层发现，陕鼓平稳的发展中暗藏危机。很多国内企业的发展只关注自身生产能力的扩张，很少关注顾客的真正需求，并且盈利模式位于价值链低端，以消耗资源和污染环境为代价，通过销售单一的制造产品获取单一的销售利润，经营风险较大。而国外优秀的同行企业，如德国MAN透平公司和西门子公司、日本三井公司等著名风机企业的经营重点不是在制造环节，而是充分利用其品牌占领技术开发等高端市场，通过为客户提供完整的问题解决方案获取高额利润，形成了占据价值链高端、具有多个不同利润点的盈利模式，其实质是"核心技术+标准+服务"。

（2）战略转型的主要内容：针对存在的问题，陕鼓在行业内率先转变企业盈利模式，从强化企业核心竞争能力着手，制定并实施了"两个转变"的发展战略，即"从出售单一风机产品向出售个性化的透平成套机组问题的完整解决方案和出售系统服务转变；从产品经营向品牌转变"。通过战略转型，陕鼓从一个传统的单一风机制造企业转变为以透平机械为核心，为客户提供系统集成和系统服务的大型企业集团，走高端、高效的发展之路。在战略转型过程中，启动相关的方案，如现金流和融资管理的集成服务。传统的产品经营更多关注的是商流、物流和信息流的管理，而服务供应链则高度强调资金流在推动物流、商流和信息流中的协调和推动作用，同时它也是服务供应链实现增值的重要来源。在服务供应链的组织过程中，如何有效地解决网络中的资金和融资问题，特别是当参与主体出现资金短缺，或者基于不动产抵押的资金获取难以满足生产和经营，而作为银行和金融机构为了控制贷款风险、无法提供资金的时候，服务集成商的资金融通和管理成为服务供应链绩效高低的关键。陕鼓服务供应链成功的一个很重要的因素，就在于它不仅形成了服务网络，提供了集成化的服务产品，而且作为融通仓，提供对物流、账单流和资金流集成管理的综合服务。陕鼓拥有现金流充裕的优势，通过与金融机构密切合作，深入研究企业资金运用的合理组合，可以向客户提供担保和其他融资支持，由此启动重大项目，拉动市场。因此，陕鼓选择与金融机构密切合作，选择与自己主业相关性较小的业务作为战略转型的方案之一，对陕鼓自身能力则提出了更高的要求：组织结构需要进行调整，改变传统的以计划经济时代为特征的部门，根据当前社会发展的要求组建新的部门，这是在硬件建设方面；在软件建设方面，陕鼓根据战略转型的要求进行管理职能的转变和管理制度的不断完善。陕鼓集团为顺利实施两个转变战略，重点进行了组织结构调整与管理制度完善。陕鼓从以上三个方面，即组织结构调整、管理制度保障及外部资源整合入手进行改组，详见文中，不再赘述。

（3）战略转型采取的盈利措施：在新的盈利模式中，陕鼓主要采取了以下几种方式进行盈利：以基于客户需求的系统解决方案盈利，以为客户提供融资创造独有的增值服务，以不断创新和领先的产品领导市场，以后续、辅助产品和服务盈利，依靠价值链延伸盈利，依靠资源整合产生最大价值，依靠树立高端品牌获取溢价。这几种方式可以归结为两个方面：一方面，通过提供高技术含量、高附加值的问题解决方案获取服务利润；另一方面，通过向供应商批量采购及业务分包赚取管理与服务的溢价收益。盈利模式的转变使陕鼓的利润点从一个（销售利润）演变为多个（技术、管理与服务均成为利润源泉），大大拓展了企业发展的空间。其中，不断创新和领先的产品领导市场等是与其行业特点密切相关的。

2. 陕鼓集团现有的商业模式分析

（1）价值主张：产品和服务聚焦化

当前，普遍认为机械制造业是一个夕阳产业，在这种认知的环境下，很多机械制造企业在实施战略的时候考虑的是如何降低成本，以低成本的优势占领更多市场的低成本价值主张，而陕鼓在发展过程中选择的是聚焦产品，聚焦客户需求和客户价值的方式，考虑的是如何把产品做得更好，如何通过产品销售和产品服务获取更大的客户价值。一直以来，陕鼓一直致力于透平鼓风机、压缩机成套装备的生产和研发，从轴流压缩机、能量回收透平装置（TTR）、离心压缩机、离心鼓风机、通风机等核心产品到汽轮机及智能测控仪器、智能变送器、工业锅炉等传统产品。陕鼓希望通过聚焦产品和服务，客户能够从陕鼓得到最大的价值。

（2）市场定位：功能、服务的纵向细分

陕鼓集团在市场中扮演的角色是为用户全方位排除设备系统问题的解决方案商和系统服务商，陕鼓的市场定位在于向客户提供他们真正需要的产品功能和服务，从功能和服务的差异方面着手，为用户构建了一个功能齐全的动力设备服务中心。陕鼓为客户提供包括方案设计、系统成套供货、设备状态管理以及备件零库存等在内的系统服务。陕鼓从市场调查开始，在产品开发改进、生产制造、安装调试、售后服务等全过程，全方位、全天候为顾客服务，利用现代科技等一切资源，对服务范围进行拓宽和延伸，把服务视为创造新的价值的源泉。通过发挥自身专业优势，陕鼓为客户提供专业化维修服务，发挥成套技术和设备协作网优势，整合配套厂家资源。针对不同的行业，不同的企业，以及不同的产品功能需求，将市场划分成各个细小的模块，系统地为用户提供动力产品和功能的一整套解决方案。陕鼓对机械制造市场进行了深度挖掘，并从中找到合适的定位，即从销售动力设备，逐步提升至销售服务和体验的层次。

（3）采购和生产：产品工程成套化生产

在原料采购上，陕鼓与原材料供应商战略合作，向原材料"零库存"转移。陕鼓与主要原材料供应商建立战略合作伙伴关系，供应商根据陕鼓的生产计划及时进行原材料配送，陕鼓则按量使用，定期结算。陕鼓通过推进原材料零库存管理，减少了资金占用，并采用批量采购，获得了与市场价格相比更为合理的价格。在陕鼓看来，产品是实现功能的手段，用户最需要的不是产品，而是靠产品来实现用户所需要的功能。所以，对于一个企业来说，为用户提供什么样的产品，如何使自己的产品最大限度地满足用户的需要、实现用户的功能，这才是企业立足市场的关键。在这种对产品的认识下，陕鼓一方面不断加大对高科技含量产品的开发力度，占领科技"制高点"；另一方面根据用户的需要，着重加强产品向工程成套化方向发展，通过生产与产品配套的部件，扩大产品的销售市场。

陕鼓还将企业边缘的维修业务外包，与外包商积极合作，获得配套商低价、高质量、优先保障的配套产品及优先的服务，使市场竞争能力明显加强，并获得其他相关潜在资源所带来的收益。把外配套商当作陕鼓的"车间"，有效地延伸企业的手臂，从而找到了跳得更高的撑杆。

陕鼓还与重点外协厂商开展战略合作，向虚拟制造转移，摆脱任何零部件都自行制造的"大而全"、"小而全"的发展模式，强化核心制造，淡化加工层面的制造，把有限资源和精力集中在市场的开拓和研发环节，发挥兄弟专业厂家的力量，提高市场快速适应能力和抗击市场风险的能力。（陕鼓集团原有商业模式与现在的商业模式比较，见表1-3-1）

表1-3-1 陕鼓集团原有商业模式与现在的商业模式比较

类别 模式	原有的商业模式	现在的商业模式
产品	陕鼓集团从1975年建成投产开始，以生产风机产品为主，致力于为客户提供优质的风机产品，为企业和社会提升企业存在的价值。陕鼓的主要产品是透平压缩机组、工业流程能量回收装置、透平鼓风机组等。	近年来，陕鼓加大对系统技术与关联技术的研究、开发和应用，通过以主导产品为核心的成套技术和设备为客户提供工业流程节能改造以及基于主导产品的专业化外包和平台服务。
盈利模式	在陕鼓原有的商业模式下，企业90%的收入来自于单机销售，除此之外，其他收入来源相当有限，除去企业的成本和管理费用以及销售费用，企业的利润空间非常薄弱，造成企业发展速度十分缓慢。	新的商业模式下，公司收入只有50%是来源于成套产品的销售。此外，陕鼓为客户提供的"订金+陕鼓+金融机构融资"等服务模式给企业带来了更多的订单和客户。
同业竞争合作	在原有的商业模式下，陕鼓与大多数制造企业之间的竞争是十分激烈的。不断的靠加大投资扩大企业规模来抢占更大的市场，当市场发生变化时，就会出现行业产能过剩，为下一步的恶性竞争埋下伏笔。	在新的商业模式下，陕鼓根据流程再造的思想，与非竞争对手之间建立一种专业化协作的关系，在这种战略协作关系下，企业与非竞争对手优势互补，资源共享，信任合作，共同为客户提供完善的整体服务。

3. 陕鼓集团商业模式创新的动因与思路

（1）陕鼓集团商业模式创新的动力

陕鼓集团进行商业模式创新的动力主要是以下两个方面：第一，技术和服务的融合。当今企业的竞争已经不再是产品层面的竞争，而是企业经营模式、企业服务理念的竞争。商业模式的创新首要应当考虑的是将企业自身技术与产品服务融合，这样才能够培养和提升企业的整体竞争力，实现客户价值的最大化，从而促进企业商业模式的创新和变革。在技术创新的同时，提升企业产品服务的质量，一方面加强企业与客户之间的沟通，另一方面提升企业的品牌效应，优化企业商业模式。陕鼓认识到服务与技术的融合至关重要，从而加强了技术和服务融合的力度和能力，促进了企业的商业模式创新。第二，由内而外的协作。创新不是闭门造车，有效的创新必须走出企业的研发部门，向业务伙伴、客户甚至整个产业生态链延伸。企业的协作创新包括两部分，即内部协作创新和外部协作创新。内部协作创新是企业商业模式创新的关键，内部的良好协作能优化资源的配置，提升企业对于资源的整合能力，另外内部协作创新对于提升企业执行力也是非常重要的，因为对任何的创新思想和创新措施而言，如果不能得以很好的执行，都是没有意义的，创新成功的本身就包含对于创新的成功实施，而不仅仅停留于美好的创意。陕鼓按照流程再造思想建立的工程成套营销方式的实践表明：总体承包工程项目，与战略协作伙伴进行专业化分工协作，从而获取工程成套收益的市场营销策略是一种促进企业持续长效发展的积极手段。从这种工程成套营销方式出发，企业内部改变以往封闭的业务区隔，加强内部协作，通过研发部门与销售部门的协作加强产品开发的市场导向。外部创新协作主要指的是陕鼓加强了与战略合作伙伴的专业化分工协作。在这种战略协作关系下，陕鼓与战略合作伙伴优势互补，资源共享，信任合作，共同为客户提供完善的整体服务。陕鼓在与战略合作伙伴协作过程中，降低了企业的销售和生产成本，为企业获得额外的经济效益。陕鼓借助内部和外部的动力因素，促进了集团商业模式创新的顺利实施，使陕鼓集团在激烈的市场竞争中获取主动权，促进陕鼓集团的健康快速发展。

（2）陕鼓商业模式创新的思路

陕鼓的企业领导者认识到了创新的重要性，在对传统的商业模式长期思考的基础上，认识到受中国传统"农业经济"影响，中国制造企业在发展模式上仍然靠大量投资扩大经营规模，一旦市场发生变化，必然出现产能过剩的局面，为下一轮恶性竞争埋下隐患。因此，陕鼓意识到应该通过资源的配置整合，进行商业运行模式的创新。

陕鼓在商业模式创新方面的策略是积极拓宽创新思路，积极推动创新并管理创新组合。陕鼓将企业的注意力从产品／技术领域的创新转到技术服务领域的创新上来，设计并实施一种区别于竞争对手的独有的创新组合，形成独特的商业模式，因此陕鼓在这方面的思路主要是从单一产品供应商向动力成套装备系统解决方案商和系统服务商转变。陕鼓的核心产品是轴流压缩机和工业流程能量回收发电设备。陕鼓在实践中站在客户的角度看问题，他们逐渐认识到客户需要的不是设备，而是功能，也就是说，客户需要的不是单一的产品，而是一套解决方案，所以陕鼓就围绕企业的核心产品，整合产业链上下游资源，为客户提供一整套的大包服务。

总之，"陕鼓"的转变与发展给了我们重要的启示。先进制造业和现代服务业融合发展是现代产业演进的客观规律，是推进工业化进程和调整经济结构的重要举措，这越来越被人们所认识、所认同。例如湖北具有较好的工业基础，是全国重要的先进制造业基地之一，推进先进制造业和现代服务业融合发展是湖北实现跨越式发展的现实需要和迫切要求。

4. 小结

现代服务业是指依托现代信息技术和现代经营管理经验发展起来的，信息、知识和技能相对密集的服务业，特别是指服务业中最具活力的，在产前、产中和产后为生产服务的生产性服务业。先进制造业和现代服务业是互为依托和相互促进的关系。先进制造业是现代服务业发展的前提和基础，是现代服务业特别是生产性服务业产出的需求方，没有制造业的发展，服务业就失去了需求来源。现代服务业尤其是生产性服务业，其产出的相当比例是用于制造业部门生产的中间需求，是制造业提高核心竞争力和实现良性发展的有力支撑。随着制造业中间投入服务的增加，服务业和制造的关系变得愈来愈密切，传统意义上的服务业与制造业之间的边界越来越模糊，并出现"融合"发展现象，这种融合使得资源配置更加合理，产业结构日趋高度化。目前，先进制造业与现代服务业融合主要呈现出制造业服务化和服务业产业化两种融合框架。[①]世界上越来越多制造业企业通过提供服务来增加其核心产品的价值，有些制造业企业甚至不再卖物品而是卖物品的功能或服务。一些制造业企业正在转变为某种意义上的服务企业，服务化成为当今世界制造业的发展趋势之一。制造业服务化发展的表现有：第一，制造业服务意识的增强。第二，制造业服务水平的提高。第三，制造业服务内容的丰富。其实制造业服务化的发展趋势有一定的必然性。即第一，制造业提供和完善产品的追加服务，是市场竞争的需要。第二，服务化经营是高技术时代制造业产品营销的要求。第三，无形的服务已成为维护客户关系的最重要因素。总之，服务是产生差异性的主要手段。像格若斯指出的

---

① 资料来源：制造业与服务业融合发展的思考，湖北日报，2011-12-22。

那样:每个企业不管在今天的定义中是否是服务企业,都不得不学会适应新型的服务竞争。制造企业正努力注视着服务企业以获取新的观念。①

三、思考题

1. 陕鼓集团作为国内同行业的领先者,为什么要率先实施战略转型?陕鼓的战略转型是什么?

2. 陕鼓集团实施战略转型时,采用了哪种服务增强模式?为什么陕鼓会选择金融服务这样与自己主业相关性较小的业务作为战略转型的方案之一?

3. 陕鼓实施战略转型对自身能力有哪些要求?它通过什么方式获取这些能力?在陕鼓新的盈利模式中,哪些模式与其所在行业的特点有关?请分析陕鼓所在行业的特点对其盈利模式的影响。

4. 试讨论,若该行业中的后进者模仿陕鼓进行同样的战略转型,会遇到什么障碍,是否会形成后发者劣势或后发者优势?

---

① 资料来源:A.佩恩.服务营销精要[M].北京:中信出版社,2003:15～18.

第 2 章 服务管理概论

以物质产品生产为基础的管理占据了当前管理体系的主导地位,但是,其管理理论和方法在指导服务企业的决策、竞争和管理行为中存在较大的局限性,企业亟须有适合服务业的、新的管理理论与方法出现。20 世纪 80 年代,北欧和美国学术界提出了"服务管理"的理念并得到普遍认可。服务管理是一种符合服务特征和服务竞争性质的管理特点、原则与方法体系。因此,服务管理关心的是如何在服务竞争环境中对企业进行管理。本章包含服务管理的基本概念,如服务特性、服务包及其要素构成等,选取的案例有"特鲁瓦餐馆的服务特色"及"迪斯尼乐园的道路设计"等,它们都体现了服务的特性以及其在实践中是如何更好地发挥作用的,这些对于学习本章的基本内容有重要帮助。

案例 2-1:特鲁瓦餐馆的服务特色[①]

一、案例概要

特鲁瓦是法国一家出色的三星级餐馆——如果要评选最好的餐馆,特鲁瓦当之无愧。特鲁瓦餐馆值得称道之处不仅表现在它高超的烹调艺术上,单就它的服务来说就非常有特色。

特鲁瓦餐馆位于罗阿纳城(Roanne)。罗阿纳城距巴黎 300 千米,位置比较偏远,看起来是个各方面都不引人注意的地方。来自四面八方的人们到罗阿纳的唯一理由就是去特鲁瓦。

你可能驾车来到特鲁瓦,然后订一个房间过夜。假设你在下午 5 点或 6 点钟到达,准备花几个小时放松一下自己,接下来品尝餐馆的美味佳肴。因为知道这是一家古老的铁路餐馆,你可能会去找火车站。然而你可能什么都

---

① 冯俊,张运来. 服务管理学[M]. 北京:科学出版社,2010:32.

找不到，直到发现你所期待的一切。最后你驱车沿着一条小路来到了一个封闭的庭院，这里干净、整洁，四面有停车场，位于一幢建筑物的脚下。这时马上有人上前领你进门到你的房间——所有这一切都是在友好的家庭式氛围中进行的。你知道自己已经置身于特鲁瓦的世界中了。你会很喜欢你的房间，其设计很别致，让你想起老式的火车车厢。特鲁瓦餐馆并不否认传统，相反却处处强调你正置身于罗阿纳的一家古老的铁路餐馆里，远离尘嚣。打开百叶窗环视这座院落，你会看见院子对面的右边有一扇巨大的落地窗，院子里一些穿白色制服的员工正有条不紊地忙碌着，这就是特鲁瓦餐馆的厨房，里面的一切都一览无余。

一辆小型的雪铁龙驶进了院子，停在厨房门口。有个人（你可能认出他是特鲁瓦家庭的一员）走到司机的跟前，司机正从车里取出一箱又大又鲜美的三文鱼。经过仔细挑选，一些三文鱼被送进厨房，很快清洗后，放进冷藏柜。接下来又出现了相似的一幕，不过这次是鸭子或蔬菜。你看到厨房的员工刚才正围坐在桌旁，在愉快的气氛中共进晚餐，不过现在他们正四处忙碌着。厨师还没有开始烹调，但一切都在准备之中——专业、高效而又细致入微。整个过程显得那么游刃有余。

你本打算利用这个时间洗个澡的，现在却意识到自己改变了计划。而且你发觉其他窗户也打开了，别的客人也同你一样正在往大落地窗里看着。厨房里一些穿白色制服的年轻人也会不时地朝你这个方向看一眼——他们知道有人在看自己。很显然，他们明白自己正在"舞台"上"工作"，表演着一出好戏。这时你知道他们每个人都以自己的团队和自己精彩的表演而自豪。

看着这宽敞、实用、完美的厨房设计，你不禁发出由衷的赞叹，这时你觉得肚子有点饿了。你很快洗了个澡，然后向餐厅走去。不过，还没到开饭时间，所以你便到酒吧小坐一会儿，这里又带给你一份惊喜。酒吧到处充满了友好的气氛，你惊喜地发现坐在酒吧里的人不只是像你这样从巴黎、伦敦或纽约来品尝美食的游客，他们大部分看起来都是当地人，而且不是来用餐的。他们呷着饮料，吃着蜗牛和小点心。而穿梭于桌子之间、与顾客轻松地聊着天的则是特鲁瓦的另外一个成员，他好像是这里所有人的朋友。有人递给你一份菜单，过了一会儿，通往餐厅的门打开了，等待你的又将是新的一幕。

二、案例解读

特鲁瓦，法国中东部城市，奥布省首府，位于巴黎盆地东部塞纳河畔。

正是因为特鲁瓦地区的艺术特色和环境，使得特鲁瓦餐馆也成为一个非常有艺术特色的餐馆。

在特鲁瓦餐馆中的各种产品尽管都是单一的、独立的个体，但是它们在这里却体现着服务产品的组合性和整体性，通常我们把以服务为主导的产品组合称作服务包（service package）。在服务包中，顾客购买的主要是企业提供的服务，我们称之为显性服务（explicit services）。在顾客购买和消费显性服务的过程中，还要消费一些起辅助作用的物品，我们称之为辅助物品（facilitating goods）。此外，为了使企业能够开展服务活动，同时也是为了给顾客提供一个良好的消费场所和消费氛围，服务企业需要拥有必要的服务设施设备，我们称之为支持设施（supporting facility）。同时，为了使服务活动顺利展开，并赢得顾客的信任和满意，还需要开展一些必要的带有辅助性的服务工作，我们称之为隐性服务（implicit services）。这些就是服务包的四类要素：支持设施、辅助物品、显性服务及隐性服务。其中，不难看出，只有显性服务是顾客真正购买的内容，其余三者只起辅助作用，而且，前两者为有形要素，后两者为无形要素。支持设施是在开展服务活动之前必须到位的物质资源，主要包括建筑空间、物理环境和基本设备，例如，特鲁瓦餐馆的房屋、烤箱、空调等，我们也常常称之为服务设施。辅助物品是顾客在消费服务的过程中购买和消费的物质产品，或是顾客自备的物品，例如，特鲁瓦餐馆的菜肴等美食，它只是享受优质特色服务的辅助物品或表现形式之一，之所以称之为辅助物品，是因为服务性企业销售的主要是无形服务要素，辅助物品只起"辅助"作用。显性服务是顾客购买服务产品的直接目的和本质利益，是服务产品的核心要素。它表现为服务活动的结果或效用，顾客可以用感官直接感觉到，例如，顾客在特鲁瓦餐馆获得的具有艺术特色和家庭式的温馨享受等是显性服务的范畴，是顾客消费的直接目的也是最终目标所在。隐性服务是顾客在消费显性服务的过程中，所体验到的模糊的精神感受，它表现在消费服务的过程中，例如，服务员友好的服务态度和对顾客的关照，轻松、愉快的就餐氛围，在医院挂号时被迫排队等待等。尽管隐性服务不是服务产品的核心要素，也不是顾客购买服务产品的主要目的，但是它同样会影响顾客对服务产品的评价，影响顾客再次购买服务的选择，因此隐性服务也是不容忽视的。总之，根据服务包理论来推断，特鲁瓦餐馆的服务产品构成主要包括：支持设施——餐馆的封闭式院落、古老火车车厢式房间、酒吧、厨房及落地窗、停车场等；辅助物品——餐馆中的菜肴（大而新鲜的三文鱼、新鲜的鸭肉和蔬菜）、酒吧里的饮料等；显性服务——古老的远离尘嚣的享受、家庭式的友好氛围。隐性服务——细致入微的专业化的服务。

一般来说，关于服务包中更重要的是无形要素还是有形要素，这个问题服务性企业和顾客的看法可能会有很大的不同。餐馆经理可能认为他们提供的菜品质量和餐厅装饰等有形要素是第一位的，而顾客可能会认为食品卫生、人身安全、服务员的态度和快捷服务等无形要素更重要。即使在服务性企业内部，不同岗位的工作人员对同一问题的看法可能也不一样。厨师可能认为餐馆销售的是美味可口、质量统一的菜肴（有形要素），而服务员可能认为餐馆销售的是服务和文化（无形要素）。由于如何认识服务包的有形要素和无形要素取决于顾客，所以服务性企业绝对不能完全按照自己的利益或根据自己的视角来设计服务包，而应当为顾客提供与顾客期望尽可能一致的服务包。另外，关于显性服务和隐性服务两个无形要素哪个更重要的问题，在服务性企业中常常也会有激烈的争论。由于顾客去服务性企业主要购买的是显性服务（结果），而不是隐性服务（过程），所以隐性服务永远不能替代显性服务，即过程永远不能替代结果[①]。但这并不是说隐性服务不重要，当一个行业内众多的服务性企业的显性服务都做得很好（能够满足顾客需求）的时候，那么隐性服务要素就会成为服务性企业之间竞争的焦点。因此，显性服务是基础，隐性服务会形成特色，哪个更重要，要看企业和行业的具体情况，不能一概而论。最后，还有另外一种情况，对于旅游、演艺等服务行业，顾客的消费结果往往融于消费过程，顾客是在游览、观看演出过程中获得美好体验（结果）的，此时，结果和过程已经很难分得清楚了，因此，结果和过程哪个更重要，已经没有争论的意义了。

对于特鲁瓦餐厅服务产品，我们需要有相应的评价指标，在这里我们根据相关的理论进行评价指标的设计。如上所述，顾客所体验到的是整个服务包，服务包中的每一个方面都会影响顾客的感受和体验，影响顾客对服务产品整体的评价以及再次的购买决策。因此，这就决定了我们应当站在顾客的角度，来进一步考察顾客如何评价服务包的每一个方面，而不是孤立地看待问题。表 2-1-1 列出了特鲁瓦餐厅对服务包四个方面进行评价的指标要素。

[①] 如果顾客不需要你的产品或服务，那么你的笑容再灿烂也无济于事。出租车司机的微笑永远无法替代出租车把你送达目的地。如果外科医生为病人做手术切错了位置，无论态度多么友好和通情达理，都无法弥补手术失败的过失。

表 2-1-1　特鲁瓦餐厅服务产品的评价指标[①]

显性服务	支持设施	隐性服务	辅助物品
质量是否稳定、一致	地理位置及所在商圈的特征是否合适	服务态度如何	种类是否齐全,可选择余地的大小
配套服务项目是否齐全	建筑物及周边环境是否合适	消费氛围如何	数量是否充足,是否经常有缺货现象
购买价格（性价比）是否合算	支持性设备是否具备、合适	是否需要长时间等候,等候过程中能获得什么关照	辅助物品的质量是否一致
——	内部装饰、外部装饰是否合适	能否体现身份、地位	——
——	设施布局是否合适	有无舒适感,舒适程度如何	——
——	——	是否方便获得,消费是否便利	——

　　特鲁瓦餐厅是非常成功的,它能够获得成功有着多方面的原因：服务包中的四个要素相互融合、共同构成一个统一的整体。一般来说,服务性企业向顾客提供的产品是以服务包的形式出现的,其产品设计需要考虑到构成服务包的每一个方面。虽然显性服务是顾客真正要购买的内容或实质利益,而支持设施、辅助物品和隐性服务只起辅助或媒介作用,但是顾客购买的和体验到的是一个完整的服务包,服务包的每一个方面都会影响顾客对服务产品的总体感受和总体评价[②]。因此,一个服务企业如特鲁瓦餐厅获得成功,离不开服务包的评价指标的设计,更离不开服务包中任何一个方面,只有整个服务产品系列都令顾客满意,或者说每个产品都成功了,整个服务企业才会成功。

　　特鲁瓦餐厅的服务产品中无论是支持设施、辅助物品、显性服务还是隐性服务均做得非常成功。现代商战中竞争愈演愈烈,产品的差异和价格战的效果越来越小,营销观念已经发展到了服务营销、关系营销、观念营销时,众商家才真正认识到客户对自身的生存和发展多么重要。任何忽视顾客的商业活动都不会成功,因为客户才是选择接受企业产品和服务、为企业带来利润的群体。现在许多企业是以市场为导向、以客户为中心来运作的,其目标不是短暂的客户满意而是建立长期的客户关系。因此,客户服务越来越被企业重视,并且成为关注客户、建立良好客户关系,从而为企业赢得市场的必要途径！近些年来

[①] 冯俊,张运来. 服务管理学[M]. 北京：科学出版社,2010：7.
[②] 例如,病人去医院看病,病人真正需要的是医生为他提供的诊断病情和治愈疾病的服务,虽然门诊大楼、X光机器、药品、挂号员的微笑等都很重要,但是它们只起辅助和媒介作用。

有许多不同的营销环节被企业视为赢得市场、打败竞争对手的关键,直到近些年来客户服务才在商战中占据了重要地位(见图2-1-1)。

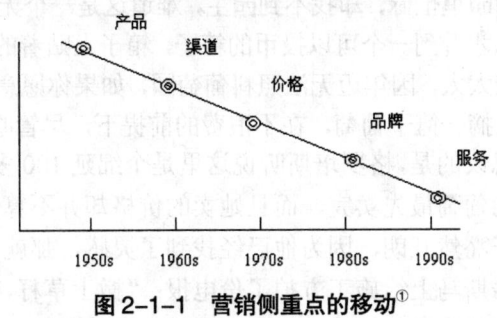

图 2-1-1　营销侧重点的移动①

三、思考题

1. 请利用服务包理论,分析特鲁瓦餐馆的服务产品构成。
2. 如果你是特鲁瓦餐厅的经理,请为餐厅服务产品制定评价指标。
3. 特鲁瓦餐厅能够获得成功的主要原因是什么?

案例 2-2:迪斯尼乐园的道路"设计"②

一、案例概览

1971 年,在英国伦敦召开的国际园林艺术研讨会上,获得世界最佳设计奖的是迪斯尼乐园的路径设计。可是迪斯尼乐园的路径并不是建筑大师们的手笔,它完全是靠游人自己设计的。

迪斯尼乐园的设计者——世界著名的建筑大师格罗培斯(Lopez)先生在法国参加完一个庆典活动后,决定趁此机会带着家人去地中海海滨消夏。说实话,格罗培斯的心情有些郁闷,因为由他所设计的迪斯尼乐园就要面向游人开放了,但是各景点之间的路径却还没有具体的规划方案。格罗培斯从事了 40 多年的建筑研究,也攻克过许多建筑方面的难关,但建筑学中的路径设计问题一直困扰着他。一路上,格罗培斯望着窗外,欣赏着路两旁不断闪过的诱人的葡萄园。他看到大多数园主们都把葡萄摘下来,摆在路的两边向过往车辆和行人兜售。但是生

---

① 资料来源:陈珺. 客户服务——企业赢得市场的关键,中国营销传播网,2002-07-09.
② 钱永森. 服务:打造一个卓越的服务型企业[M].北京:蓝天出版社,2005:11.

意却不见得好,因为很少有人停车购买。然而当汽车拐过一座小山时,他发现那儿居然停满了车辆。这时,女儿也闹着要下车采摘葡萄,于是司机把车停了下来。看到大家都在葡萄园里忙碌,却找不到园主,难道这是一个无主葡萄园?格罗培斯先生绕了一圈儿才看到一个可以投币的箱子,箱子上贴着的告示上说,园主是一位行动不便的老太太,因年迈无法照料葡萄园,如果你愿意,只要往箱子里投入五个法郎就可以摘一篮子葡萄,在不浪费的前提下,尽管吃饱。

更令人不可思议的是,格罗培斯听说这里是个绵延 100 多千米的葡萄产区,但总是这个老人的葡萄最先卖完,而且她卖的价格却并不算低。原先有些郁闷的格罗培斯一下子豁然开朗,因为他已经找到了灵感,那就是给人自由。从海滨回来后,格罗培斯马上给施工方拍了份电报:"撒上草籽,提前开放"。施工方按照要求在乐园里遍撒草籽。不久,除了被人踩过的地方外,地上长出了绿油油的小草。再看看那些被人踩过的地方,曲折蜿蜒,宽窄适度,自然而优雅。

第二年,格罗培斯让施工方按着这些踩出来的痕迹铺设了人行道。而那个获最佳设计奖的方案,就是格罗培斯按此人行道事后绘制的。

二、案例解读

产品设计是一切服务的开始。产品设计决定着顾客服务能否取得成功,可以说服务始于产品设计。一个合理的产品设计,不但给顾客和服务人员带来方便和快捷,还会降低服务成本,树立高质量、优质服务的企业形象。格罗培斯的成功,揭示了一个非常质朴而又非常重要的道理:产品设计的标准不只在专家的大脑中,也在消费者的心里,顺应消费者所期望的标准,就能设计出令人满意的产品。从迪斯尼道路设计获奖,我们能获得的启示主要还是表现在规划设计理念的创新上(见图 2-2-1)。

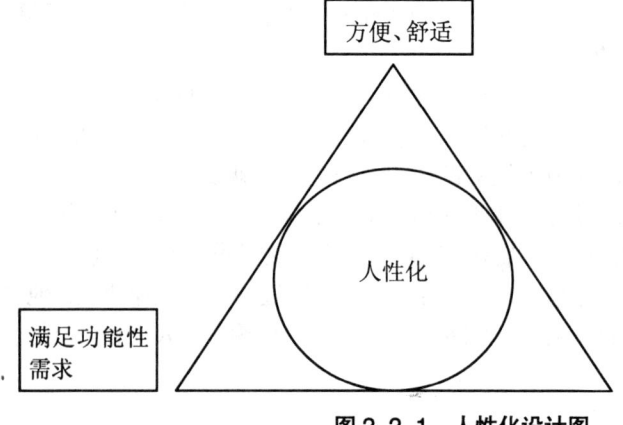

图 2-2-1 人性化设计图

产品能不能引起客人的兴趣，满足客人的需求，决定了该产品有没有市场，以及有多大的市场。要知道，客人不买账，产品就不可能形成市场，更不可能具备可持续发展的生命力。因此，在旅游规划设计时首先要树立"以客为本"的理念，充分考虑客人的需求。但现在不少旅游规划设计都是资源导向型的，即往往只是站在已有资源或便于管理的角度来考虑问题，导致旅游消费者并不满意。创新是时代的要求和主题，规划是智慧产品，因此对于任何旅游规划而言，创新都应该是一个灵魂和核心。只有创新，才能创造出特色，也只有创新，才能创造出市场。迪斯尼道路设计走的是一条不同寻常的设计之路，给我们以一种新的思维展示，全部过程体现了人性化的设计理念，尤其是现代社会，人性化产品设计是社会经济和技术发展的必然结果。经济增长，生活水平提高，人们对产品的需求越来越具体、个性化。[①]格罗培斯的成功体现了创新的思想，更体现了人性化的理念。

人性化[②]指的是一种理念，具体体现在美观的同时能根据消费者的生活习惯、操作习惯进行设计，方便消费者，既能满足消费者的功能诉求，又能满足消费者的心理需求。简言之，人性化就是以人为中心，而不是以物为中心，是指让人和技术的关系协调，从而让技术的发展围绕人的需要来协调。迪斯尼道路设计就是根据人们的日常生活习惯，以自由为基点进行设计，最后取得了成功。"格罗培斯听说这里是个绵延100多公里的葡萄产区，但总是这个老人的葡萄最先卖完，而且她卖的价格却并不算低。原先有些郁闷的格罗培斯一下子豁然开朗，因为他已经找到了灵感，那就是给人自由。"格罗培斯以其独到的观察力和对社会的洞察力对迪斯尼道路进行人性化的产品设计。"格罗培斯让施工方按着这些踩出来的痕迹铺设了人行道。"人性化是指在设计产品时力求从人体工程学、生态学和美学等角度达到完美，从而真正实现科技以人为本的目的。从本质而言，人性化是指在设计过程中，根据人的行为习惯、人体的生理结构、人的心理情况和人的思维方式等等，在原有设计基本功能和性能的基础上，对建筑和展品进行优化，使观众参观起来非常方便、舒适。它是在设计中对人的心理、生理需求和精神追求的尊重和满足，是设计中的人文关怀，是对人性的尊重。人性化设计是科学和艺术、技术与人性的结合，科学技术给设计以坚实的结构和良好的功能，而艺术和人性使设计富于美感，充满情趣和活力。这正是格罗培斯的成功给我们的重要启示。

---

① 资料来源：互动百科。
② 定义来源：百度百科。

三、思考题

1. 格罗培斯的成功，在服务产品设计方面，给了我们什么启示？
2. 以你实际生活中遇到的服务为例，指出其产品设计中不够人性化之处并提出改进方案。

案例 2-3：社会公共服务——国家图书馆的数字化信息服务[①]

一、案例概览

中国国家图书馆（http：//www.nlc.gov.cn）是世界五大藏书过千万册的图书馆之一。1988 年建成的这座新型的现代化新馆，坐落在北京图书馆原址以西的西郊紫竹院北侧。这是我国最大、藏书最多的图书馆，也是世界上著名的大型图书馆之一。

国家图书馆馆舍建筑面积为 17 万平方米，可藏书 2000 万册，设有阅览室 30 余个，拥有阅览座位 3000 多个。还有可供 6~16 人使用的小型研究室数十个，有现代化的管理设备和展览厅、学术报告厅等。为了保护珍贵书籍，现已将馆内各种善本、珍本拍成缩微胶卷，供读者阅读。在音像资料视听室里，人们可以看到世界各地的视听资料，设备先进，功能齐全。作为全国馆际互借中心，国家图书馆与全国 558 家文献信息提供单位建立馆际互借关系，年均受理量超过 3 万件，同时还与 117 个国家和地区的 557 家机构开展文献交换合作。国家图书馆凭借丰富的文献资源，利用现代先进技术全面履行服务职能。国家图书馆主要为中央党政军领导机关、科学研究部门和重点生产建设单位提供服务。

图书馆的主要服务职能包括：积极探索为中央和国家领导机关立法与决策服务的范围和领域，将立法咨询服务直接推送到国家最高层立法机构。

为全国人大和全国政协"两会"以及全国人大常委会委员长会议、全国人大常委会及其所属的各专门委员会审议立法工作提供文献信息服务。以建立国家图书馆部委分馆等多种形式与多家部委建立信息服务合作关系。为"两院院士"与百名专家开辟"绿色通道"，提供特需服务。实行"全年候"开馆，日均接待读者 1.2 万人次。读者凭第二代身份证可直接阅览开架文献，办理读者卡

---

① 资料来源：李春明，张炜，陈月婷. 国家数字图书馆服务及未来发展[J].数字图书馆论坛，2008（8）：65~69。

免收工本费。馆内共设有48个各具特色、满足读者不同需求的阅览室。二期新馆内设有宽松的阅览区、安静的研究区、宽敞的公共区、高雅的学术区、温馨的休闲区，形成"查、阅、咨、藏一体化"的新格局，并利用RFID技术，使读者检索文献更方便、快捷。同时开展书刊外借服务和网上预约借书、续借图书和自助借还图书服务。设有专门的参考咨询服务机构，通过专题或定题检索、科技查新、文献查证、委托咨询、信息推送等形式开展全方位咨询服务。设有国家图书馆网上咨询台，并建有全国图书馆信息咨询协作网。积极开展对国内重点教学、科研单位和企业组织的创新服务。拥有国内领先、国际先进的网络条件，依托丰富的馆藏资源与互联网上的虚拟数字资源，为读者提供远程服务。通过国家数字图书馆资源统一门户，实现信息检索、服务、推送的一站式服务。开放无版权数字资源，每年购买并在广域网发布电子新书1万种供读者免费使用。无线网络覆盖二期新馆馆区，读者可利用手持移动电子阅读器等现代技术方便地阅读数字资源。

此外，网上咨询、在线阅读、在线展览、在线讲座为读者更多地获取知识提供了渠道。面向社会公众举办文津讲坛、文津读书沙龙等各类系列讲座，这些已成为服务社会、服务公众的知名文化品牌；举办各种大型的馆藏珍品展览，为公众了解和学习中华文化精髓提供了良好的条件。通过设立国家图书馆文津图书奖、文津读者奖等，在营造全民读书的良好氛围、提高全民素质、构建和谐社会方面发挥了积极的作用。面向全国图书馆界，以实习、进修和培训等多种方式提供业务辅导与指导；与专业图书馆系统、区域图书馆系统建立有效的合作机制；加强与其他系统图书馆馆际互借，为实现跨地域跨系统的文献合作提供服务。实施"西部援助计划"，为西部贫困地区基层图书馆提供支持；赠送"基层图书馆服务卡"和电子图书，缩小数字鸿沟。成立全国图书馆联合编目中心，向全国提供中文机读书目数据；编辑出版国家书目；建设全国文献提供协作网，建立起馆际互借与文献传递业务交流的长效机制。国家图书馆致力于增进与世界各国图书馆界、文化界的交流与合作，不断拓展与世界图书馆合作的新领域；积极参与和举办国际图书馆界双边或多边业务研讨和交流活动，以及国际图联等国际性组织的活动；与美英法俄以及澳大利亚、新加坡、日本、韩国等多个国家开展人员交换、技术交流和资源共享等具有实质性内容的合作；中文成为国际图联大会工作语言，提高了中国图书馆在国际图联的影响力；成功地举办了各类国际会议，以及馆藏珍品文献赴外参展，弘扬中华民族优秀文化。2005年10月，国家发改委正式批准了国家数字图书馆工程项目，它是与国家图书馆二期工程合并立项的国家重点文化建设项目。其目的是构建数字资源采集、加工、发布、保存技术支撑平台，通过网络向公众提供数字资源及其服务。2008年9月9日正式开馆接待读者。

数字图书馆的主要服务内容有：(1)收藏服务。提供一个开放存取的平台，用户可以捐献自己或经他人授权的作品，工作人员可以进行有选择的收藏、加工及长期保存。(2)登记服务。依据共建共享原则，建立国家公共图书馆数字资源与服务登记中心，对公共资源与服务进行登记注册。(3)元数据统一检索。通过元搜索平台等方式，实现元数据统一检索。(4)虚拟参考服务。通过虚拟参考服务平台，利用馆内外数字资源和传统文献，建立和完善参考咨询数字资源库，实现为不同类型用户提供网上数字参考的实时服务。(5)电子邮件与短信服务。通过电子邮件和短信服务平台实现网上注册、网上阅读、新书推荐、办理续借、服务通告等。(6)信息推送服务。通过信息推送和文献传递平台实现根据用户要求提供定制信息服务和信息推送服务，满足用户的个性化信息资源的需求。(7)视频会议与数字广播。通过网络摄像视频会议和数字广播服务，提供读者和图书馆员的专业培训，以及国际、国内、专业视频会议和培训服务。(8)电子商务。通过网络以及统一认证、门户网站、资源服务平台，实现网上支付服务、第三方认证管理，满足非到馆用户的查询需求。(9)统计评估。建立可量化的服务指标定量评估体系，对获得的资源内容方向、资源组织方式和方法、服务组织方式和方法、用户使用数字图书馆的行为及用户使用数字图书馆的效能和效率等进行调整和监控。

国家图书馆在近百年的历程中，秉承弘扬文明、传播知识、服务社会的理念，坚持不断探索、奋斗、创新和无私奉献的精神，为推动人类文明和社会进步做出了重要的贡献。

二、案例解读

作为学术上的概念，最早对服务进行关注的是经济学家。综合《现代汉语词典》对服务的概念、黄少军、AMA（美国市场营销学会，1960）以及很多学者的看法，我们可以采用一个综合性的定义：服务是指通过使用一定的设备（工具）、知识（技能）和方法（手段）来满足客户需求的一系列活动。该定义强调了服务与设备、知识及方法的关系。

在信息技术飞速发展的今天，实现服务的方式和方法与以往相比，有了巨大的进步，服务的实现需要具备三个基本要素：服务的消费方、提供方及服务接触。在国家图书馆服务中，主要是这样体现的：

服务消费方确定和提出服务的需求，这既是服务流程的起点，又是服务流程的终点。国家图书馆服务中，服务消费方主要为中央党政军领导机关、科学研究部门和重点生产建设单位，以及服务的读者对象主要为年满18周岁的中华人民共和国公民和持有有效证件的其他国家公民。

　　服务提供方提供服务，用以满足服务消费方的需求。服务提供方具有服务所需的资源，通过一定的程序（流程）实施服务。注意与服务消费者一样，随着技术的发展和商务模式的演变，服务提供方既可以是个人、组织，也可以是机器。如机器作为提供方的就包括："设有国家图书馆网上咨询台，并建有全国图书馆信息咨询协作网；拥有国内领先、国际先进的网络条件，依托丰富的馆藏资源与互联网上的虚拟数字资源，为读者提供远程服务；通过国家数字图书馆资源统一门户，实现信息检索、服务、推送的一站式服务；开放无版权数字资源，每年购买并在广域网发布电子新书1万种供读者免费使用；无线网络覆盖二期新馆馆区，读者可利用手持移动电子阅读器等现代技术方便地阅读数字资源。"此外，网上咨询、在线阅读、在线展览、在线讲座等等，这些都是机器提供的。

　　服务接触是服务的提供者和消费方之间通过一定的媒介进行交互的过程。对服务管理来说，服务接触是一个关键的环节，它涉及三个核心问题：对服务需求的理解、服务消费者与提供者相互协作并共同完成服务、服务质量及客户满意的评价。服务接触是服务的本质特征，无论服务方和提供方的接触是直接的还是间接的，它都是存在的且不可或缺。国家图书馆的网络服务就是一种间接的服务接触。

　　基于服务企业战略的考虑，拉夫洛克（Christopher H.Lovelock）在1983年提出的五种方法，希望对超越行业界限认识战略要素提供帮助，在此，我们选取其中一种分类方式：基于理解服务行为性质的分类。这是最基本的分类方式，分类的标准为服务的接受者及服务活动的性质两个层次，构成一个二维分析模型（见表2-3-1）。

表 2-3-1　服务行为性质的二维分析模型

		服务的直接接收者	
		人	物
服务行为的性质	有形活动	作用于人体的服务 ● 健康护理 ● 客运 ● 健身 ● 餐馆	作用于实物的服务 ● 货运 ● 仓储 ● 维修 ● 零售
	无形活动	作用于人的精神的服务 ● 教育 ● 信息服务 ● 艺术 ● 博物馆	作用于无形资产的服务 ● 银行 ● 法律 ● 会计 ● 保险

从服务行为的特性来看，国家图书馆应该属于作用于人的精神的服务，属于无形活动。因此为突出对人的无形服务这一特征，当初国家图书馆就把建馆目的定位为：国家图书馆凭借丰富的文献资源，利用现代先进技术全面履行服务职能。而国家数字图书馆工程项目目的是：构建数字资源采集、加工、发布、保存技术支撑平台，通过网络向公众提供数字资源及其服务。这些都将无形服务推上了一个新台阶。同时，根据服务包的理论[①]，国家图书馆的服务产品构成主要包括：支持设施——建筑面积为17万平方米的建筑楼群，30余个阅览室，3000多个阅览座位；还有可供6~16人使用的小型研究室数十个，有现代化的管理设备和展览厅、学术报告厅、音像资料视听室等。辅助物品——2000万册藏书、银行ATM取款服务等。显性服务——收藏服务、登记服务、元数据统一检索、虚拟参考服务、电子邮件与短信服务、信息推送服务、视频会议与数字广播、电子商务、统计评估等。隐性服务——细致入微的专业化服务。从以上四个服务包因素来看，国家图书馆无论是支持设施、辅助物品、显性服务还是隐性服务均做得非常成功，整个服务产品系列都使顾客获得了较高满意度，或者说每个产品都成功了，因而整个产品系列也获得了成功。现国家图书馆已全面开放，其各项服务已更新亮相。

三、思考题

1. 服务的分类有哪些？
2. 有形产品与服务的区别和联系是什么？

---

① 服务包包含4类要素：支持设施、辅助物品、显性服务及隐性服务；引自：李枫林. 现代服务管理理论与实践[M]. 武汉：武汉大学出版社，2010：58.

第二篇　服务决策

第3章 服务战略

服务战略是服务企业带有全局性或决定全局的谋划，它体现了服务企业的愿景与使命，确定了服务企业的目标与任务。服务战略直接包括与服务传递相关的运作与营销等问题。因此服务战略回答企业想要做什么、可能做什么、应该做什么和打算怎么做的问题。本章选择的两个案例"山居小栈的经营策略"和"真功夫的中式快餐梦"从正反两个方面探讨服务战略的相关问题，给我们展示了一个全新的服务战略视角，从实践层面帮助我们理解服务企业的目标任务及相关的运作与营销等理论知识。

案例3-1：山居小栈的经营策略[①]

一、案例概览

山居小栈位于一个著名的风景区边缘，毗邻国道，每年有大批旅游者途经这条国道来到这个风景名胜区游览。

罗生两年前购买下山居小栈时是充满信心的，作为一个经验丰富的旅游者，他认为游客真正需要的是朴实且方便的房间——舒适的床、标准的盥洗设备以及免费的有线电视，没有必要设置诸如公共游泳池等没有收益的花哨设施。而且他认为重要的不是提供服务，而是管理。但是在不断接到顾客抱怨后，他还是额外提供了简单的免费早餐。

然而，经营情况比他预料的要糟，两年来的入住率都维持在55%左右，而当地旅游局的统计数字表明这一带旅店的平均入住率是68%。毋庸置疑，竞争很激烈，除了许多高档的饭店宾馆外，还有很多家庭式的小旅馆参与竞争。其实，罗生对这些情况并非一无所知，但是他觉得高档宾馆太昂贵，而家庭式旅馆则很不正规，像山居小栈这样既具有规范化服务又价格低廉的旅店应该很有

[①] 资料来源：http://www.shangxuewang.cn/news/zlgl/2009/7.

市场。但是他现在感觉到事情并不是他想象的这么简单。最近又传来旅游局决定在本地兴建更多大型宾馆的风声，罗生越来越发觉处境不利，甚至决定退出市场。

这时他得到一大笔亲属赠与的遗产，这笔资金使得他犹豫起来。也许这是个让山居小栈起死回生的机会呢？他开始认真研究山居小栈所处的市场环境。

从一开始罗生就避免与提供全套服务的度假酒店直接竞争，他采取的方式就是削减"不必要的服务项目"，这使得山居小栈的房价比度假酒店要低40%，住过的客人都觉得物有所值，但是很多游客看看后还是去别家投宿了。

近期旅游局发布的当地游客调查结果引起了罗生的关注：

（1）68%的游客是不带孩子的年轻或老年夫妇；
（2）40%的游客两个月前就预订好了房间和旅行计划；
（3）66%的游客在当地停留超过三天，并且住在同一家旅店；
（4）78%的游客认为旅馆的休闲娱乐设施对他们的选择很重要；
（5）38%的游客是第一次来此地游览。

得到上述资料后，罗生反复思量，到底要不要退出市场，是拿这笔钱来养老还是继续经营？如果继续经营的话，是一如既往，还是改变山居小栈的经营策略？

二、案例解读

1. SWOT 分析

（1）优势及机会

第一，机会1：有市场发展潜力。

山居小栈位于一个著名的风景区边缘，毗邻国道，每年有大批旅游者途经这条国道来到这个风景名胜区游览。

第二，优势1：有一定的市场定位。

罗生觉得高档宾馆太昂贵，而家庭式旅馆则很不正规，像山居小栈这样既具有规范化服务又价格低廉的旅店应该很有市场。

第三，优势2：资金充沛。

在传来旅游局决定在本地兴建更多大型宾馆的风声后，罗生越来越发觉处境不利，甚至决定退出市场。此时，他得到一大笔遗产，这笔资金使得他犹豫起来。认为这也许是个让山居小栈起死回生的机会，他开始认真研究山居小栈所处的市场环境。

（2）劣势及威胁

第一，劣势1：服务的缺失引起了顾客的不满与抱怨。

"罗生两年前购买下山居小栈时是充满信心的,作为一个经验丰富的旅游者,他认为游客真正需要的是朴实且方便的房间——舒适的床、标准的盥洗设备以及免费的有线电视,没有必要设置诸如公共游泳池等没有收益的花哨设施。而且他认为重要的不是提供服务,而是管理。"这引起了顾客的广泛抱怨和不满。

第二,威胁1:竞争对手多且激烈。

"经营情况比他预料的要糟,两年来的入住率都维持在 55%左右,而当地旅游局的统计数字表明这一带旅店的平均入住率为 68%。毋庸置疑,竞争很激烈,除了许多高档的饭店宾馆外,还有很多家庭式的小旅馆参与竞争。"

第三,威胁2:设施不能满足顾客需求。

近期旅游局发布的当地游客调查结果引起了罗生的关注:其中,78%的游客认为旅馆的休闲娱乐设施对他们的选择很重要。

2. 解决措施

首先罗生必须改变经营策略。在制定新的经营策略时应将业务细分成三个阶段(Phase)来分析,找出至今不成功的因素。三个阶段可分为:(1)吸引旅客来访(Attract);(2)将旅客变成顾客(Engage);(3)将顾客变成回头客(Retain)。注意,这三个阶段不是直线形的,而是一个重复的圆形。分析案例,罗生在三个阶段的表现皆不太出色。

第一阶段,山居小栈因为不可能花大钱做宣传来吸引游客,所以应该考虑通过与旅行社联盟或口碑(Word-of-mouth)方式来吸引顾客。另外,山居小栈可利用自己极佳的地理位置,在国道边树立大型广告牌来吸引顾客。

第二阶段,山居小栈没有理解顾客的需求。从案例来看,山居小栈的卖点是"低价格",那么山居小栈的目标市场可理解为"追求低价格"的游客。但是这样的游客占总游客的比例是多少呢?如果,大多数游客不太重视价格,相反重视服务,那么罗生就自己限制了自己的客户群。另外,山居小栈在价格定位上也有问题。从市场营销角度来说,最低的价格不是最好的价格。最好的价格应该是顾客心目中的价格。所谓的"重要的不是提供服务,而是管理"有严重的逻辑错误,"管理"只是山居小栈生产的手段,"服务"才是生产的产品(目的)。

第三阶段,最重要的也最容易被忽视。因为,只有"38%的游客是第一次来此地游览",大多数游客在此风景地留宿过,而且他们很可能住同一旅店。山居小栈要想提高入住率,必须在将现有顾客变成回头客的前提下,吸引新游客,努力将其他店的顾客转成自己的顾客。分析顾客获取成本(Acquisition Cost),将现有顾客变成回头客的是最低的,其次是新游客,最昂贵的是吸引其他店的顾客。另外,回头客将会通过口碑来为山居小栈吸引新的顾客。

所以，山居小栈经营不理想的主要原因要从竞争环境加以适当的分析。

对顾客需求的理解有误是导致山居小栈经营不理想的主要原因。旅游局发布对当地游客的调查结果显示：78%的游客认为旅馆的休闲娱乐设施对他们的选择很重要，而罗生认为客人需要的是朴实方便的房间，因而没有设置公共游泳池等没有收益的花哨设施。然而，在最近的当地旅游局的调查中，大多数的游客认为娱乐设施对于他们比较重要。因此，在选择上就无形中减少了大部分顾客。

第二个原因，在服务与管理的重要性问题上，过于忽略服务的重要性，而把重点放在管理方面。正如文中所言："在不断接到顾客的抱怨后，方才额外地提供了简单的免费早餐。"因此，在周边高档的大宾馆和家庭式的小旅馆环绕的竞争环境中，罗生认为前者过于昂贵，很多顾客不会进行选择，而对于后者则又过于不规范化，故而，只有像山居小栈这样的无论是从成本上考虑还是从规范化服务的角度考虑，对于顾客而言，都是最佳的选择。这也正是实施差异化战略的重要体现。

但是，这些只是经营者一厢情愿的考虑而已，没有经过详细的调查研究或者说市场竞争环境和顾客需求方面的调查研究。这与市场和顾客的期望有着极大的出入，因此，经营出现了问题。

其次，经过文中的叙述和先前的分析，山居小栈的发展前景是十分乐观的：越来越多的人把旅游作为一种放松身心的必要方法，市场潜力巨大，旅店业大有可为；山居小栈有自己的市场定位。但面临着极其不利的现实挑战，详列如下：当地旅游局在本地将兴建更多大型宾馆的风声，竞争环境不利已是一个事实。另有一项调查显示了其不利的竞争环境，即：第一，68%的游客是不带孩子的年轻或老年夫妇。这说明了，他们将会进行一系列的健身或休闲活动，娱乐设施等对于他们很重要，他们不会选择没有这些设施的旅店，或者说选择的可能性很小。第二，66%的游客在当地停留超过三天，并且住在同一家旅店。这说明，大多数游客一旦选择了就不会再改变，因此，第一次选择或印象很重要。第三，78%的游客认为旅馆的休闲娱乐设施对他们的选择很重要。这更加明确地验证了先前的推断。

最后，若要改变当前山居小栈的不利局面，措施有：第一，加强休闲娱乐设施的修建，而且要在进行调查研究的基础上，依据差异化的战略，寻找一条独特的道路，只有这样才能占据相当的竞争优势。第二，加强服务，重视管理，实施服务与管理并重。旅客的主要目的是休闲、度假，他们很重视旅馆的娱乐服务。尤其是老年夫妇，必然要求服务的优质和高效，所以在当前的市场竞争环境下，只注重管理，忽视服务的重要作用，是不可能取得成功的。正如有句话所说："人无我有，人有我优"，纵观服务业市场的成功企业均在管理的基础上实现了最优质的服务，从而赢得了市场，赢得了顾客。而且，我们这里所说的服务，不仅仅是指一般性的服务，应当是差异化的服务、人性化的服务。第三，特色经营。现实表明低价已不是主要的竞争形式，因此应针对自己的市场定位来突出特色。第四，加强营销力度。据调查，40%的游客两个月前就预订好了房间和旅行计划，针对这一点，一方面应加大对山居小栈的宣传力度，另一方面要建立有效的旅客预订旅店的渠道，如积极加强与旅行社等旅游机构和订房中心的合作等。

三、思考题

1. 山居小栈经营不理想给我们的启示有哪些？
2. 如果你是罗生，你认为应该如何应对当前的情形？

案例 3-2："真功夫"的中式快餐梦

一、案例概览

在中国商业史上，不少企业曾发出过豪言壮语要打造"中国的可口可乐"、做"中国的 IBM"，但时过境迁，当初的凌云壮志早已随着企业的倒闭而烟消云散。中国的快餐业也出现过类似现象。中国的快餐业市场一直被国外品牌所把持，国内品牌难以与洋品牌抗衡[①]。国内的包子连锁、饺子连锁等品牌曾轮番上阵，但在历经几轮向洋品牌挑战的尝试后都败下阵来，中国本土的快餐市场始终没有真正发展起来，这使得人们开始对中餐是否适合做标准化的快餐产生怀疑。进入 21 世纪后，一个立志打造"中国麦当劳"的中式快餐企业"真功夫"让人们眼前一亮。

1. 蔡达标的"中式快餐"梦

在中式快餐与洋品牌无力竞争的情况下，"真功夫"快餐老板——当年不到 40 岁的蔡达标却明确将自己的事业定位为中式快餐业。

1994 年，蔡达标与合作伙伴在老家广东省东莞市长安镇开了一家只有 36 个座位的"168"蒸品快餐店。店铺很小，经营的品种也只有几种，但由于食品美味可口，吸引了大量的顾客，每天爆满。这是"真功夫"的前身。1997 年，虎

[①] 截至 2009 年，肯德基在华已有 2872 家分店，麦当劳在华已有 1135 家分店。

门镇文化宫分店开业，新一代"双种子"蒸品餐厅由此诞生。1997年11月，蔡达标成立了双种子饮食有限公司。1998年，另外两家"168"餐厅相继开张。"168"和"双种子"两个餐饮品牌使蔡达标获得了发展的第一桶金，为日后的大发展奠定了基础。但是，要真正实现中式快餐的成功，必须在品牌、市场、技术和管理上实现突破，真正形成差异化的竞争。①

2. 市场分析与品牌定位

（1）中式快餐巨大的发展空间

蔡达标发现，当时国内快餐行业的局面大体是这样的：一个近2000亿容量的市场，仅肯德基、麦当劳两个洋品牌就占据了20%的份额，其余部分则被近80万家中式快餐企业瓜分。虽然中式快餐占据着超过西式快餐4倍的市场份额，且在经营主体和竞争主体上中式快餐都占据主导地位，但整个中式快餐一直处于群龙无首的状态。

蔡达标认为，整个中式快餐市场成长处于启动期，品牌集中度低、竞争力弱，但正是这种局面，意味着中式快餐市场存在巨大机会。因此，"真功夫"将竞争对手定位在占据80%的份额、仍处于自由竞争时期的中式快餐品类，而不是占据20%的份额、处于垄断竞争的西式快餐品类。

（2）扬长避短，"蒸"出营养

中国自古以来就推崇食补养生，加之近年接连发生的食品安全危机，让中国人对餐饮安全和营养更加重视。中式快餐在消费者印象中一直是"不干净、街边摊、低档"的形象，而这正是真功夫的品牌定位要尽力回避的。基于这些判断，真功夫将自己的品牌核心价值定位于"营养"，而在档次上将自己锁定为中高档，以与其他中式快餐对手形成区隔。营养虽然是一切食品的终极诉求，但不一定能够真正将真功夫与其他快餐区隔开。因此，真功夫还对"营养"诉求进行了深挖。很多中国人认为"蒸的东西比较营养"，这在岭南人的心目中更是根深蒂固，他们甚至在潜意识里把"蒸"等同于营养。很多中国人以米饭为主食，而蒸以水为热媒，能保持食物原味、不上火，是健康的烹饪方式；美味是中餐的一种共性，不形成竞争区隔，而营养可以很好地形成竞争区隔。因此，"蒸"成了真功夫表达"营养"的最好方式，"营养是蒸出来的"也成了真功夫的品牌口号。基于以上考虑，真功夫巧妙地避开"油炸误区"，顺应健康饮食的潮流，在深挖岭南传统蒸品精华，由蒸来体现食物的鲜、香、嫩、滑之滋味的同时，以"原汁原味好营养"为原则，结合中餐健康、营养的饮食养生理念，以原汁原味的蒸饭、蒸菜、蒸汤、青菜为特色，构成了良好的营养组合，因此称为"营养快餐"。

---

① 本案例来源于作者对多方所搜集资料的整理、归纳与提炼，本书作者对由该案例引起的一切问题负责。

(3) 品牌再造

经过认真分析,蔡达标发现,"双种子"品牌缺乏领先性、国际性、稳定性、认知基础、发展活力、品牌支持和保护。因此,蔡达标决定放弃"双种子"品牌,而推出具有更强品牌核心价值的"真功夫",试图以此解决品牌的都市化、全国化、国际化问题。

蔡达标发现了中华民族文化中的瑰宝——功夫,认为"功夫文化"反映的主流价值"征服自我、超越极限"与企业追求的品牌核心价值极其吻合,而功夫(Chinesekongfu)在西方也受到热捧。从产品利益的角度分析,通过"蒸"——独特的"蒸",可以实现"保留食物精华,均衡内在营养",达成"营养美味"的联想,满足对身体有益的需要。此外,"功夫文化"挑战自身极限的价值观,使消费者从精神上被充电,幻想成为功夫者、强者,"功夫"导致强健身体的联想与核心产品利益产生交集。基于以上考虑,蔡达标巧妙地将"蒸"与"功夫"链接组合成"蒸功夫",并运用"真"与"蒸"的谐音,利用酷似国际巨星李小龙在全球知名的武打动作造型,推出了全新的"真功夫"品牌[①],对"蒸功夫"内涵作了全面诠释[②]。

3. 攻克中餐标准化的三大难题

"规模"、"速度"是中式快餐相对于西式快餐的软肋,而无法实现量化烹饪、操作过程难以标准化和后勤(加工、配送)难以标准化是中式快餐面临的三大难题。中式快餐业曾数度冲击标准化的瓶颈,但都无功而返。

蔡达标意识到,要真正实现中餐快餐化的突破,必须实现中式快餐的标准化:

(1)突破烹饪过程标准化的瓶颈。蔡达标发现,传统的蒸制设备为蒸笼,要依赖厨师掌握火候,而且操作起来费时耗力,无法快速出品。蔡达标从一次偶然参观制衣厂得到启发,他亲自参与研制,联合华南理工大学教授数经试验,1997年终于发明出一套全新的烹制设备——电脑程控蒸汽设备[③]。电脑程控蒸汽设备的发明,突破了中式快餐的标准化瓶颈,经过一定训练的员工,按规定章程操作执行,就可以保证食物的品质稳定,较好解决了中华美食无法量化烹饪的难题,由此实现了真功夫中式快餐"80秒钟取餐"、"千份快餐一个口味"、"无须厨师"的梦想。

---

① 但真功夫始终未明确说明该武打造型就是李小龙本人。
② 该内涵为"16代祖传秘方,近千年去粗取精,苦心成就的'真功夫';85道原料选材工序的精细功夫;±0.3毫克的电脑配料误差,电子化称量掌控,无可挑剔的硬功夫;32位国家级营养调味大师,用调料征服味觉的好功夫;101℃的标准蒸温控制,不温不火,留住食物精华的蒸功夫;下了'真功夫',自然营养美味。"
③ 这套设备巧妙地将蒸汽控温控压原理首次引入餐饮业,创制成独特的电脑程控蒸汽柜,通过电脑程控,使蒸汽柜内保持统一标准:1~2个标准大气压、101℃,并设置了标准的蒸制时间。由此保证了蒸制食物过程中的恒温、恒压与精准时间,每盅蒸品的烹制过程都可以量化。

（2）实现操作过程的标准化。为实现操作的标准化，真功夫立足于本土中式快餐的特点，对餐厅的每个运营细节及岗位操作制定了操作标准，包括从训练员工、厨房岗位操作、市场推广、品质与服务、餐厅经理文书处理等十多个工种近百个岗位的操作。1999年，真功夫将这套操作标准体系形成几十万字的《营运手册》，成为企业快餐管理的标准化范例。执行后企业的经营管理向前迈进了一大步，餐厅运营变得更标准有序，简化了整个生产及营运的流程管理，使真功夫复制连锁分店更加高效、迅速。

（3）做到后勤的标准化。真功夫在全国设立了3个现代化后勤中心，通过科学严密的流程管理，实行统一采购、加工与配送。真功夫餐厅的所有原料都由后勤统一采购、加工和配送，从生产设施到食品安全体系，实行科学管理，做到原材料采购精益求精。通过大型的原料加工、配送中心，真功夫将所有传统厨房的工艺制作过程放到后勤基地去完成，统一制作、监控，然后再把半成品真空包装，集装成箱，最后通过精装冷冻车按时配送到各个餐厅。经过这一创新，真功夫将快餐连锁店从传统的前店后厨模式中脱离出来，采用后勤与店面分离的管理模式。目前它已在全国拥有华南、华东和华北三大后勤中心，总占地面积42704平方米。

4. 经营模式

在解决技术、管理和品牌的难题后，真功夫开始了规模扩张。但是，它在一开始并没有采取加盟店的形式，而是稳妥地采用了直营店的模式。蔡达标认为，加盟是一把双刃剑，当品牌还没有达到一定成熟程度时，发展加盟形式无疑是自残。直营店一方面可保证产品和企业管理的一致性和稳定性，另一方面可防止被竞争者克隆核心技术。截至2011年6月，真功夫在华东、华南、华北的布点已经完成，在全国30多个城市拥有400多家直营连锁餐厅，并已在海外筹划选址开店。真功夫有能力为数量众多的直营店提供后勤保障，如华南后勤基地设在东莞长安，前后投资已超过5000万元人民币，截至2006年3月，真功夫为华南76家分店完成订货、加工、储存、运输及分发等一系列工作，未来能满足400间餐厅的供给需求。

真功夫的企业文化是"不懈致力于丰富和发展人类餐饮文化"，它的出现使得中国本土快餐挑战洋快餐成为可能。但要真正完成"成为全球十大餐饮企业"的远景目标、形成与洋品牌抗衡的竞争实力，真功夫还有很长的路要走（"真功夫"取得的成就见表3-2-1）。

表 3-2-1 "真功夫"取得的成就[①]

2006 年 1 月	通过 HACCP 食品安全管理体系及 ISO9001 质量管理体系的国际标准认证
2006 年 6 月	荣获中国烹饪协会评出的"2005 年度中国快餐企业 20 强","真功夫"位居本土快餐第一位
2006 年 10 月	荣获中国烹饪协会评出的"中国快餐十佳品牌企业"称号
2007 年 8 月	荣获"品牌中国金谱奖——中国餐饮行业年度十佳品牌"奖项
2008 年 2 月	通过 ISO22000 食品安全管理体系的国际标准认证
2008 年 9 月	董事长兼总裁蔡达标获得 2008 年第四届"中国最佳商业领袖创新人物奖"及"最佳中国经营者奖"
2008 年 12 月	在《21 世纪商业评论》、《21 世纪经济报道》主办的第四届商界思想论坛及最佳商业模式颁奖盛典中,荣获"2008 最佳商业模式获奖企业十强"
2009 年 4 月	荣获由中国烹饪协会快餐专业委员会评选的"中国快餐最具影响力品牌"称号,名次位居中式快餐品牌之首

二、案例解读

1. 真功夫成功的秘诀

真功夫的成功是中国餐饮业的成功,它已成为一颗明珠。当然,它的成功不是一蹴而就的,它的成功存在着必然性,主要有以下几个方面:

(1) 企业家精神

真功夫是知名的中式快餐品牌,主打美味、营养的原盅蒸汤、蒸饭,前身是 1994 年创立于广东东莞的"168"蒸品店,1997 年改名为"双种子",2004 年改名为"真功夫"(详见表 3-2-2)。至今已有近二十年的发展历史。真功夫传承中华饮食五千年文化并加以创新,把中华饮食传统的 30 多种烹饪方法凝聚在一个技法上——蒸,以岭南饮食的原盅蒸品为特色,塑造"营养"为品牌核心价值。2008 年真功夫米饭销量突破 5000 万份,全国有 360 家直营店,是直营店数量最多、规模最大的中式快餐连锁企业,是中国快餐五强企业中唯一的中国本土快餐品牌。

[①] 转引自:张方超."真功夫"中式快餐企业竞争战略研究[D].广西大学,2010.

表 3-2-2 "真功夫"的发展历程[1]

1994年4月14日	"真功夫"的第一家创业店——"168"蒸品快餐店,在东莞长安镇宵边村107国道旁正式开业。
1997年	研发出"电脑程控蒸汽柜",巧妙运用蒸汽实现烹饪过程的同压、同温、同时。此举攻克了全球的中餐"标准化"难题。
1997年	将"168"改名为"双种子",并开设全球第一家实现"标准化"的中式快餐餐厅。
1999年	制定出中国餐饮业内第一套《营运手册》(7本)。
2004年	将"双种子"改为"真功夫",6月19日,第一家"真功夫"原盅蒸饭餐厅在广州开业。
2005年12月24日	"真功夫"全国第100家直营连锁店在广州开业,首个突破中式快餐直营店百店大关。
2008年3月15日	"真功夫"开通全国客服热线400-600-9900。
2008年12月22日	宣布米饭快餐年销量突破5000万份,第300家店正式开业,首创两项行业新高。
2009年11月	"真功夫"年度入选上海世博会餐饮服务供应商,并成为唯一一家入选的广东餐饮企业。

真功夫的成功不是一帆风顺的,它进入中式快餐业并挑战标准化瓶颈,困难重重,但是蔡达标的企业家精神在这种企业战略决策制定与实施过程中起到了重要的作用。企业家精神属于企业内部的因素之一,真功夫的开创者蔡达标非常具有优秀企业家的精神特质,这在服务企业真功夫战略决策中是具有不可替代的关键内部因素,它对服务战略决策和实施的影响包括两个方面:第一,企业家精神在很大程度上决定了服务战略的使命和基本价值取向。第二,企业家精神创造性地将外部环境的机遇与企业内部资源进行有机结合,并能够有效地克服战略实施中的障碍。

(2)竞争策略

真功夫的成功,告诉我们服务企业的竞争策略起着非常重要的作用。在真功夫的成长过程中,我们可以发现真功夫主要采取了以下几种竞争策略:成本领先战略(服务标准化),差异化战略(无形服务的有形化;标准化产品的定制化;质量控制)等,其中实施品牌战略与市场细分,做好自我定位,并开展合适的营销策略,是中式快餐企业成长的关键。具体而言,即定位策略,产品策略和品牌策略。

第一,定位策略——以差别创造优势。面对麦当劳和肯德基两大西式快餐

---

[1] 转引自:张方超. "真功夫"中式快餐企业竞争战略研究 [D]. 广西大学,2010.

巨头领导下、各色相对规模较小的中式快餐构成的中国快餐市场，如何找到产品的竞争优势、达到出类拔萃，市场定位是关键。前文对"真功夫"中式快餐企业内部优势分析中提到，"真功夫"出自岭南饮食文化，提供的食品口味较清淡，制作工艺考究，典型代表有原盅蒸饭和蒸汤等。因此，"真功夫"抓住这一产品特点和市场空缺，倡导健康生活理念，并贯彻"坚决不做油炸"的口号，做出了中式蒸品快餐的市场定位。有力打压了肯德基、麦当劳等洋快餐的增长势头，大幅完成了对中国快餐市场蛋糕的"切割"，在弘扬中式快餐上具有突出的表现。同时，"真功夫"具有很强的研发、管理和营销能力，开创了蒸品中式快餐品牌化和标准化的先河；集优秀西式快餐的先进管理和技术优秀理念于一体，具有后发优势；与竞争对手之间具有鲜明的产品差异，满足了快餐消费者差异性和多样化的需求，在蒸品快餐领域独领风骚。

第二，产品策略——以现代化发扬传统特色。现代人大多追求科学、绿色、健康的食品，随着高科技的发展，更多科学技术开始应用于食品加工行业。先进的机械及计算机和网络的应用也会加快中式快餐的生产效率并促进产量的增加。但与此同时，传统因素不能丧失，例如，中国的饮食文化是中式餐饮业企业文化中不可或缺的重要内容。此外，必须加强自主创新，实施标准化战略。真功夫在这方面是个优秀的典范，通过引入电脑程控蒸汽柜推进快餐标准化，这是值得其他中式快餐企业借鉴的。"真功夫"开创了中式快餐标准化的先河，在其发展过程中，企业在原材料的采购、产品制作和服务上继续加强标准化，将人工操作技巧淡化，将经验性操作规范转化成为一整套标准生产程序，以保证快餐产品质量的统一。

第三，品牌策略——以本土为根。发展连锁经营品牌不仅是企业或产品的标识，更是宝贵的无形资产。中式快餐应首先立足于国内市场的拓展，满足国内不同地区的消费需求。在企业发展壮大以后，积极拓展海外市场。以"土"扎根，以"洋"升华应是中式快餐努力的方向。在实施标准化的同时，还应实施品牌差异化。标准化只是快餐业成功的基础，完善的品牌建设是"真功夫"体现差异性和实现企业壮大的必要途径。创建品牌的概念已被现代企业提升到战略高度来认识，并把其视作企业的灵魂和市场生命的体现。"真功夫"在品牌建设上具有鲜明的形象设计，给顾客以强烈的视觉冲击。

（3）营销策略

第一，品牌形象辨识度高。"真功夫"把品牌定位在："真功夫"，蒸的营养专家。这迎合了中国人潜意识里的传统饮食思想，即认为"蒸"的东西比较有营养。同时，中国素来以"功夫"扬名世界，是中国数千年来引以为傲的养生文化之瑰宝，"功夫"已经成为中国的代名词。"功夫"文化在各行各业男女老少中得到了深刻的认识和理解，它是中国风的象征，是责任心和勇气的体现——下了"真功夫"，自然营养美味。

第二，贴合本土理念。"真功夫"中式快餐发源于博大精深的中华传统美食，经过数年的实践，通过对传统美食的继承和改良，研制出赢得中国人赞赏的中式口味快餐，其口味胜出是不争的事实。据2009年中国商务部在一项对我国快餐消费者的调查数据显示：63%的调查对象喜爱中式快餐，仅20%的调查对象对西式快餐情有独钟，"真功夫"更加贴近中国人的饮食习惯是其重要吸引力，这就为中式快餐提供了巨大的商业契机。

第三，精准的产品定位。"真功夫"倡导健康生活理念，并贯彻"坚决不做油炸"的口号，拒绝油炸食品的提供，抓住机遇积极扩展市场，推出了多款营养健康蒸制食品，以满足人们对健康、美味的觉醒意识。尽管"真功夫"出自岭南饮食文化，提供的食品口味较清淡，制作工艺考究，典型代表有原盅蒸饭和蒸汤，但中国人大部分以米饭为主食，而当下在快餐市场上几乎还没有像"真功夫"这样专注于"做饭"并能与之竞争的其他快餐品牌。"真功夫"倡导的非油炸、以水为热媒、保持食物营养不上火的烹饪方式迎合了消费者的消费习惯，抓住了消费者的心理，从而赢得了广阔的发展前景。

第四，强大的后勤建设。"真功夫"建立了华南、华东、华北三大后勤中心，总占地面积42704平方米，负责所有餐厅的采购、加工与配送。建设八大原料专供基地，并由后勤统一采购餐厅所需原料。各区的后勤基地投资巨大，例如华南区后勤基地累计投资超过5000万元人民币，负责当地分店的订货、加工、存储、运输以及分发工作。后勤保障是中餐标准化的有力支撑。在"真功夫"的后勤基地，各种食品原材料都要经过至少15道选料程序，检验中心会对每种原料进行严格的筛选检验，采用绝对卫生统一的半成品真空包装后装箱，由恒温冷冻车配送到各个所在区域的餐厅。根据运营手册，各餐厅将配送中心送来的品质恒定的原材料进行统一精确的制作，效率大大提高，即使同时点到千份左右的蒸汤饭菜，只需要2个员工即可在30分钟内保质保量地完成。

2. 成功的经验

（1）模仿学习。吸收西式快餐的先进餐饮连锁管理经验，是"真功夫"前期成功的重要原因[①]。可以说"真功夫"从表面上的店铺、厨房设计，到经营理念中的中式快餐发展需要标准化生产的形成与发展，都得益于西方洋快餐连

[①] "真功夫"的创始人之一蔡达标先生早在初中时代就受到一本介绍麦当劳快餐王国的漫画书《麦当劳的神话》的影响，从中了解到了一些餐饮连锁经营的先进模式，并立志要做美味、营养的中式快餐，向洋快餐叫板。当他与另一位合伙人潘宇海先生开了三家"168"蒸品小店后发现传统的中式餐饮快餐不适合企业的发展，之后他们就通过朋友认识了一些麦当劳的中高级管理人员。向他们学习了麦当劳的一些先进管理模式，如麦当劳的柜台自助售卖模式等，并从麦当劳引进了一些高级管理人才，于1997年在虎门开了第一家"双种子"店。

锁的先进管理经验的启发与借鉴。从初步的模仿学习中尝到甜头后,"真功夫"一直非常重视对西方先进管理理论和经验的学习[①]。

(2)创新发展。真功夫为开发出一套适合做中餐的标准化烹饪设备,与华南理工大学联合研发了一套专门的电脑程控蒸气柜。利用该套设备,就可以按照预先设定的流程进行标准化的输入操作。在实现了设备标准化后,他们又开展了进一步的所谓"深化标准化"的创新行动,先后实现了餐厅操作标准化和后勤生产标准化。1999年,"真功夫"立足于本土中式快餐的自身特点,对员工培训、厨房岗位操作、市场推广、品质与服务、餐厅经理文书处理等十多个工种、近百个岗位的操作,制订了详细的标准体系,并形成了几十万字的《营运手册》,这套手册是在洋快餐营运手册的基础上,结合本土特点的又一次创新,堪称中式快餐业目前最完善的标准化宝典。

(3)品牌营销。"真功夫"在实现了中式快餐三大标准化的创新之后,基本完成了初步的企业"内功修炼",为创建连锁品牌奠定了坚实的基础。在品牌推广方面,"真功夫"主要成功运用了以下几个关键策略:第一,提炼具有强烈感召力的企业文化。"真功夫"的创始人蔡达标,自幼喜欢英雄人物,后来受到电影"少林寺"的影响,着迷于中国博大精深的武术文化,更梦想成为一个武艺超群的武术家,并且向世界弘扬中国的功夫文化,让世人都能身体强健,奋发向上。这一新梦想便形成了"真功夫"独具感召力的企业核心文化——"弘扬中华民族文化·传播营养健康美食"。作为与洋快餐对决的中式快餐连锁企业的代表,这一企业文化无疑突显了中式快餐的优势,并具有强大的民族感召力,有力支撑了随后的连锁品牌打造。第二,进行品牌整顿,打造世界品牌。在形成了自身独具深意的企业文化之后,"真功夫"又对品牌核心价值重新分析与定位,在此基础上,结合特有的企业文化内涵,真功夫最后提出了"全情投入,用足功夫"的品牌文化,突出了"真功夫"是"蒸的营养专家"的品牌核心价值。难怪真功夫"营养还是蒸的好"的口号一提出,便马上被广大消费者所接受,并留下"真功夫是做蒸品、炖品的,吃了健康"的深刻印象。

3. 成功的启示

东莞民营连锁经营的优秀代表——"真功夫"全球华人餐饮连锁向我们展现了连锁制胜的巨大威力。通过连锁经营,"真功夫"由一个小小的蒸品店,发展成为如今拥有几百家直营店,成为中国与世界著名洋快餐"麦当劳"、"肯德基"分庭抗礼的中式快餐连锁业的代表。它的成功,为那些仍在实践中不断摸

[①] 不仅蔡达标本人参加了中欧国际工商学院的EMBA课程学习,而且还专门在企业内部设立了一个自己的"MBA管理学院"。该学院成立于2003年。主要是针对中高层管理者创办的。学院的培训师主要来自公司的高层管理者、行业相关的资深职业经理人,以及一些管理专家顾问,有效支持了其快速直营连锁扩张的发展需要。

索发展之路的中小民营企业展现了一条快速扩大企业规模、提升企业品牌价值的生存与发展之路。不论采用何种连锁方式，通过连锁经营模式能够迅速提升企业标准化、专业化程度；有效降低企业在经营管理、广告宣传、采购进货等方面的营运成本；实现各方资源的整合优化，形成规模效应；增加市场信息来源，减少创业投资风险，因而非常值得借鉴。但需要特别指出的是，我们在效法"真功夫"连锁经营模式的同时，千万不能遗漏支撑"真功夫"连锁经营成功背后的企业发展真谛——社会责任、诚信为本、品牌意识、科学管理、创新发展。

三、思考题

1. 按照传统的战略决策分析，真功夫应不应该进入中式快餐业并挑战标准化瓶颈？
2. 真功夫的标准化究竟提高了成本还是降低了成本？试对真功夫标准化的运营成本进行分析，指出可能存在的威胁。
3. 试分析真功夫的品牌定位与其他中式快餐品牌的异同。
4. 真功夫当前的战略规划与经营策略存在什么风险？请根据自己的分析，提出一些可行的管理建议。

第4章 服务创新管理

服务创新是指服务型组织为获得商业和社会利益,向目标客户提供更高效、更完备、更准确、更满意的服务包,并增强客户满意度与忠诚度的过程和结果。服务创新管理是在企业整体战略的指导下,对服务创新的决策、过程、模式、要素和产出等进行管理的原则、方法与工具的总称。本章选取的两个案例"菁菁校园的未来"和"中远集团的服务创新模式"对服务创新的原理从服务创新的决策、过程等各环节进行了系统分析,对我们通过实践了解服务创新全过程有重要作用。

案例4-1:"菁菁校园"的未来[①]

一、案例概览

"菁菁校园"是一所新型的私立学校,专门为大学生、高中生提供另类暑期课程(如登山、探险、航海等集体项目的专业培训),以及为在职人员提供团队合作课程的培训。该学校的创办人刘岩是个成功的企业家,他酷爱登山,并坚信这是一项锻炼个人品质、同时学习集体协作精神的完美运动。

在刘岩看来,这所学校是个非营利性的企业,但是无论如何需要自己维持学校的运转。如果没有充裕的资金,学校就不可能发展。学校开办以来,学生的数目逐年增多。学校的课程主要分两类,一类是普通课程,另一类是特殊课程。普通课程是学校的起家项目,针对大中学生的集体训练而开设。每年暑假,总是有大批学生报名参加登山、探险等充满新鲜感的项目。虽然这部分收入占了整个学校全部营业收入的70%,但是这种项目并不赢利。特殊课程是应一些大公司的要求,专门为公司开办的短期团队合作培训(与普通课程具有关联性)。

---

① 资料来源:MBAlib智库.文档 http://doc.mbalib.com/view/05894d437429a49e04e45bb70182edcd.html.2011-11-07.

这类课程是最近才设立的，深受各大公司经理们的欢迎，在非正式的反馈中，他们都认为从这些课程里获益很多，这些公司也愿意继续扩大与菁菁校园的合作。同时，这类课程也为学校带来了丰厚的利润。但是，在开展特殊课程时，刘岩和他的好友们也有疑虑：这种课程的商业化倾向非常明显，如果过分扩张，可能会破坏"菁菁校园"的形象。另外，特殊课程的学员多是中高层经理，他们的时间非常紧。课程一旦确定下来，就不能改动，因此总是会遇到与普通课程的冲突。

在学校成立初期，刘岩并没有特别关注管理问题。他觉得很简单：每年暑假开始，学校就招生开课，到暑假结束就关门。但是随着知名度的提高和注册学生的不断增多，学校变得日益庞大复杂，管理问题和财政状况开始引起关注。最明显的是学校暑期过于繁忙、设施不足，而淡季人员、设备则面临闲置。他还发现很难聘请到技术熟练、经验丰富的从事短期工作的指导老师，若是常年聘请则支出实在太大。与此同时，在社会上出现了相似的竞争者，学校面临内外两方面的评估和战略方向的重新定位。

在这种情况下，"菁菁校园"的未来在哪里，该如何解决目前面临的难题，这些问题都困扰着校长刘岩。

二、案例解读

1. SWOT 分析

（1）优势及机会

第一，优势：有成长的市场，学生认可。"菁菁校园"自开办以来，学生的数目逐年增多。

第二，机会：说明特殊课程市场有需求，并能获利。特殊课程是应一些大公司的要求，专门为公司开办的短期团队合作培训（与普通课程具有关联性）。这类课程是最近才设立的，深受各大公司经理们的欢迎。在非正式的反馈中，他们都认为从这些课程里获益很多，这些公司也愿意继续扩大与菁菁校园的合作。同时，这类课程也为学校带来了丰厚的利润。

（2）劣势及威胁

第一，劣势：①无利润，反映经营管理问题。学校的课程主要分两类，一类是普通课程，另一类是特殊课程。普通课程是学校的起家项目，针对大中学生的集体训练而开设。每年暑假总是有大批学生报名参加登山、探险等充满新鲜感的项目。虽然这部分收入占了整个学校全部营业收入的 70%，但是这种项目并不赢利。②资源不足，凸显管理问题。在学校成立初期，刘岩并没有特别关注管理问题。他觉得很简单：每年暑假开始，学校就招生开课，到暑假结束就关门。但是随着知名度的提高和注册学生的不断增多,学校变得日益庞大复杂,管理问题和财政状况开始引起关注。最明显的是学校暑期过于繁忙、设施不足,而淡季人员、设备则面临闲置。他还发现很难聘请到技术熟练、经验丰富的从事短期工作的指导老师,若是常年聘请则支出实在太大。

第二,威胁:"菁菁校园"出现替代品。文中提到"与此同时,在社会上出现了相似的竞争者。学校面临内外两方面的评估和战略方向的重新确定"。

2. 具体分析

经营管理问题:"菁菁校园"按照传统道路与现代化道路相结合的方式,兼备普通课程与特殊课程。尤其特殊课程是当前市场经济条件下的主流,对于企业来说,可获取高额的利润,当前校园的财政状况极为紧张,恰好可以此收入作为校园财政收入的主要来源之一。而且需要保持竞争优势:人员的激励机制。

(1) 即使普通课程占学校全部营业收入的70%,仍不赢利,学校的运转难以维持,并且出现了相似的竞争对手,因此,未来的定位应充分利用品牌的优势,实现范围经济,分散风险;引入市场化竞争机制,保持学校的活力和竞争力,这样才能保持品牌。

(2) 通过客观评价项目组合,具有一定的关联性,项目组合的发展应以普通课程为基础,适当增加特殊课程,逐步过渡到以开设特殊课程为主。第一,公司战略层次上:宜采用多元化战略。第二,竞争战略层次上:宜采用差异化、集中化战略。第三,职能战略层次上:宜采用整体营销战略和人才开发战略。

(3) 对于当前的问题:暑期过于繁忙、设施不足,而淡季则设备、人员闲置,无法找到足够指导老师等。我们的解决方案有:第一,引入先进的技术和运营管理方式,使人、财、物有机结合,合理分配资源,提高有限资源利用率。第二,合理设定项目组合、制订完善的教学计划,使淡旺季节相对平衡发展,解决设施设备不足,如解决课程编排上的冲突。第三,招聘、培训、借用和调配教学、管理人员,建立相对稳定的教职工队伍。第四,特色经营,提高服务质量。现实表明普通课程难以维持学校的运转,因此应针对自己的市场定位突出特色。第五,加强营销力度。应加大对学校的宣传力度,要建立有效的招生部门,积极加强与企业的合作等。如利用举办或承办各种比赛,进行商业运作。第六,合理设计收费标准,控制成本,力求盈亏平衡,略有盈余(可以采用多元化的知识、产品组合战略、人力资源管理、生产战略等方面的知识分析,弹性较大)。

三、思考题

1. 你如何看待"菁菁校园"的未来定位问题？
2. 你认为"菁菁校园"经营管理问题的解决方案还有哪些？

案例 4-2：中远集团的服务创新模式[①]

一、案例概览

中国远洋运输（集团）总公司（简称中远集团）的前身是中国远洋运输公司[②]。1993年2月16日组建了以中国远洋运输（集团）总公司为核心企业的中国远洋运输集团。截至2011年，中远集团已由成立之初的4艘船舶、2.26万载重吨的单一型航运企业，成长为拥有和经营着800余艘现代化商船、超过5600万载重吨、年货运量超过4亿吨的以航运和物流码头、修造船为主业的综合型跨国企业集团，多年保持世界第二大航运企业的地位，致力于为全球客户提供航运、物流等全球优质承运服务。

1. 中远集团的战略转型

目前，中远集团正在按照"一主两重五支柱"的产业发展格局，实现围绕航运、物流和修造船三个产业重点的"适度（有限）相关多元化经营"。一个主业就是运输业，中远集团未来的几十年当中将紧紧围绕着运输业来发展产业。两个重点行业：一是航运业，主要包括集装箱运输、散货运输、油轮运输、特种杂货运输；二是物流业，主要包括物流和码头。五个支柱产业：一是工业，主要包括修船和造船；二是贸易，主要包括油贸和船贸；三是金融；四是上市公司；五是科技（IT）。通过实施上述战略步骤，中远集团将可以由传统的全球航运承运人的低利润区进入以航运为依托的全球物流经营人这一新兴的高利润区。

2. 中远集团的创新模式

为实现集团的战略转型目标，中远集团实施了一系列创新举措，形成了多种创新模式。

[①] 中远集团技术中心：《中远集团服务创新研究报告》，转引自蔺雷、吴贵生．《服务管理》[M]．北京：清华大学出版社，2008．

[②] 成立于1961年4月27日。

（1）海上绿色通道模式

在中远集团的服务创新活动中，由广远公司（中远集团子公司）开辟的海南、广东西部至北方港口的"海上绿色通道"是连接中国南方瓜果蔬菜基地和北方地区的"南果北运"通道，主要是为解决南方果蔬销售流通瓶颈问题铺设的一条海上通道。瓜果蔬菜的运输一直是对物流行业的挑战，海南、广东西部的农民有着将自己种植的蔬菜、水果运输到北方市场的迫切需求，广远公司的员工敏锐地捕捉到了这一需求信号，开展了深入的调研、分析、论证，结合自身专业服务的条件，迅速推出一项全新的服务品种——海上绿色通道。在运作上，海上绿色通道采取专人负责制，即指定工作人员，从签订合同开始就"贴身"跟进，从集货到上船整个过程都由专人管理、专人负责，从而确保了整个通道的安全畅通。通过海上绿色通道的创新，中远集团培育出了一个新型市场，很快便赢得了市场，取得了良好的经济效益。

（2）绿色快航模式

经营中日航线的中远集团员工发现，中日两国冷鲜食品贸易中存在巨大的航运商机，因此积极开展调研、分析、论证，根据日本客户要求快捷的特定需求，推出了"绿色快航"。

随着绿色快航的高质量运营，中日航线中的客户逐步接受了这种全新的服务方式，各航运公司也纷纷效仿。以绿色快航为基础，泛亚（中远集团子公司）制定了打造中远第二品牌的战略目标，有组织、有计划地开发服务于客户各种需求的高质量的服务产品，于是有了"霓裳快航"、"电器快航"等快航系列，HDS SYSTEM 服务，以及正在开发的 RORO 快速船服务等。为推广快航服务并从中获利，中远采取加大中高端市场投入、兼并或收购低端市场的策略，以合适的单船舱位和合适的班期密度迎合中日间的高端市场需求，追求差异性带来的高回报，避免低运价竞争；同时加强船东合作，从中低端市场攫取总体市场份额和薄利多销带来的利润。绿色快航项目需要进行航线设置、港口选择、途径规划、辅助性设施建设，同时还要实施客户关系管理（CRM）、安全保证措施以及服务质量控制，这些涉及企业的战略、研发、营销等多个部门，需要研究开发、试验、营销等职能进行全面改进。这些开发活动是由业务部门和研发部门共同实施的。另外，在绿色快航的创新中，中远员工采用寓意环保的绿色快航的全新概念，并将绿色快航中的船舶冠以"松"、"竹"、"梅"、"樱花"、"兰花"、"菊花"等具有中日民族文化特色的名称，这在一定程度上达到了与客户沟通的目的。

（3）半潜轮运输服务

根据特种客户的需要，应用高新技术，推出全新的特种服务，这是中远公司"经营特种船"战略定位的需要。中远航运股份公司开发的两艘半潜船——"泰安口"轮和"康盛口"轮充分体现了这样的定位,它是结合客户需求,运用特种航运技术的载体。半潜船所提供的运输服务是在应用特种航运技术的情况下推出的新的服务形式。

在被称为"亚洲第一轮"的"泰安口"轮的设计和建造中,中远打破了传统观念的束缚,率先在航海领域运用高新技术,装置了轻巧的集推进和方向控制为一体的 SSP 电力推进系统和 6600V 中压电力系统。这是国际上首次将两个系统装船使用,其装配的 DP 动态定位控制系统,解决了海上工程设备定位定向安装作业的根本问题,给海上开采业提供了方便。同时,为了解决数据处理问题,"泰安口"轮还装置了 LMAC55 集中自动控制系统,应用了很多前沿信息技术和自动控制技术,并采用了光纤通信技术。基于特种技术的服务创新模式带有较强的垄断性,起决定作用的是创新者的经济实力和管理水平,所以竞争对手难以效仿,这为保持长久竞争优势提供了可能。

(4) 为客户企业开发的"门到门"物流服务

应上海通用汽车有限公司的要求,中远集团为其提供了"门到门"的物流服务,这是由构成网络成员企业的中远集运和上海中货分别提供海上和陆上的运输服务集合而成的。由于两家企业在服务空间领域上具有互补性,所以各自服务的结合构成了整条供应链,但是由于 CKD 货物运输中存在时间要求高、成本高、需求面广、需求种类多、需求变化多的特点,要实现海陆运输的平滑衔接,必须加强管理,改变业务流程。上海通用汽车有限公司经常会减少某些车型的生产量,从而减少相应的提货量,这样很容易造成集装箱积压,箱量流转周期加长。中远集运和上海中货派出专职技术人员及时开发了木箱配送服务项目,解决了集装箱积压的问题,开辟了中远系统仓储管理和运输能力的新领域。

二、案例解读

1. 中远集团服务创新模式

从中远集团的服务创新活动中我们可以看出,内部驱动力,也就是集团的战略和管理以及全体员工对服务创新的开展起着关键的作用,这也是中远集团服务创新的核心推动力。而技术轨道的支撑、竞争环境的推动、潜在的高端的客户需求、服务专业化的方法理论在中远集团的服务创新活动中也起到了不可忽视的推动作用。

正是中远集团制定了"从全球承运人向以航运为依托的全球物流经营人转变"的战略,中远集运与上海中货合力推出了"门到门"的全程物流服务;正是中远集团制定了打造中远集运"第二品牌"的战略目标,泛亚公司推出了"绿色快航"系列服务产品、HDS SYSTEM 服务,以及正在开发的 RORO 运输服务;正是有了向"特种货物运输"这个杂货运输高端市场进发的战略目标,中远航运打造了具有垄断优势的"半潜船"。为了保证战略目标的顺利实现,中远集团分别设立了专门的公司,对各细分的服务市场进行专业化的管理,分别成立了中远集运、中远物流、中远航运、上海泛亚以及经营"冷鲜船"、"木材船"、"沥青船"的专业化公司。同时,中远服务创新的成功离不开具有高素质高技能的一线员工,他们利用专业的眼光分析市场和客户信息,挖掘创新的机遇,用全新的服务理念和服务意识,加强与客户的沟通交流,以客户的需求为导向,不断提升服务水平,将创新活动持续地开展下去。另外,外部驱动力对中远服务创新也起到了积极的作用,包括行为者(顾客)和技术轨道等。中远集团许多服务创新项目都是由顾客的特种需求引发的,比如说"海上绿色通道"就是一个典型的例子。还有由技术轨道(如高端的船舶制造技术)引发的"半潜船"运输服务,也是外部驱动力起主导作用而引发的服务创新项目。[①]通过对中远集团整体创新活动的特点进行深入的实证研究,结合目前最新的服务创新驱动力的理论,我们归纳出以下五种服务创新的典型模式。

(1)服务专业创新模式

服务专业创新模式是创新者针对客户的特定问题提出解决方法的一种较为简单的创新形式,客户需求是创新过程的起点,创新者完全针对客户的某种需求,结合自身的专业条件,迅速开发出一种创新产品,实现服务创新。这也叫"专门化创新"模式。在中远集团的服务创新活动中,"海上绿色通道"就采用的是此种模式。例如,广远公司的员工敏锐地捕捉到了海南广东西部的农民有着将自己种植的蔬菜水果运输到北方市场的迫切需求的信号,于是他们便开展了深入的调研、分析、论证,结合自身专业服务的条件,迅速推出一项全新的服务品种——"海上绿色通道",充分发挥了灵活快速的创新特点,因此很快赢得了市场且取得了良好的经济效益。

(2)有组织的创新模式

"有组织的创新模式",又称作"创新的组织管理模式",该模式最明显的特点是整个创新过程是在企业战略和管理的指引下进行的,因而形成了一种更有意义和更有组织性的战略开发过程。在中远集团的服务创新活动中,"绿色快航"就是采用此种创新模式,在"绿色快航"推出之前,经营中日航线的中远员工发现了中日两国冷鲜食品贸易中存在的巨大航运商机,因此他们积极开展调研、

---

① 中远集团技术中心,《中远集团服务创新研究报告之二——服务创新实证分析》,中华人民共和国改革与发展委员会官方网站。

分析、论证并根据日本客户要求"快捷"的特定需求，及时地推出了"绿色快航"。该阶段就是一种"自由创新阶段"，即员工根据客户需求产生创新概念的阶段。随着"绿色快航"的高质量运营，中日航线中的客户逐步接受了这种全新的服务方式，各航运公司也纷纷效仿，因此公司有针对性地制定了打造中远第二品牌的战略目标，有组织有计划地开发服务于客户各种需求的高质量的服务产品。因此就有了"霓裳快航"、"电器快航"等快航系列，HDS SYSTEM 服务等。此时的创新活动就进入了发展阶段，在公司战略指导下，有组织、有计划地进行，同时依靠严格的管理保证服务的质量。在中远集团采用该模式创新过程中，创新活动最初还是由客户需求引起的，但在发展阶段，公司的战略和管理就起到了主导的作用，另外促进创新的外部驱动力包括"行为者"和"轨道"，"行为者"涉及客户和竞争对手，"轨道"涉及技术轨道、服务专业轨道以及社会轨道。

（3）特种技术推动模式

该模式的创新驱动力是技术轨道、服务专业轨道以及客户，其中技术轨道起的作用最为重要，战略和管理也扮演着重要角色，研发部门有所参与，但发挥的作用相对较弱。客户在该模式中不再作为被动的信息源和创新接受者出现，而是积极的参与者，并与企业各部门发生交互作用。因此，此种模式以客户为导向，充分发挥高新技术的巨大作用，同时结合战略和管理的支持作用，成功实现服务创新。

在中远集团的服务创新活动中，中远航运股份公司的两艘半潜船——"泰安口"轮和"康盛口"轮就是结合客户需求，以全新的特种航运技术为载体，半潜船所提供的运输服务就是在应用特种航运技术的情况下推出的新的服务形式，它的创新采用的就是特种技术推动模式。"泰安口"轮被称为"亚洲第一轮"，它的设计和建造，完全打破了传统观念的束缚，率先在航海领域运用高新技术，装置了轻巧的合推进和方向控制为一体的 SSP 电力推进系统和 6600V 中压电力系统，两个系统在国际上首次装船使用。同时，其装配的 DP 动态定位控制系统，解决了海上工程设备定位定向安装作业的根本问题，给海上开采业提供了极大的方便。另外，为了解决数据处理问题，"泰安口"轮不仅装置了 LMAC55 集中自动控制系统，而且应用了很多前沿信息和自动控制技术。根据特种客户的需要，应用高新技术，推出全新的特种服务，使中远的服务水平实现了进一步提升，这归功于广远公司发展战略的定位——经营"特种船"，半潜船的开发充分体现了这样的定位：应用特殊的技术、打造特殊的船形、提供特殊的服务、满足特殊客户需求以及占领特殊的市场。最后，所有的这些"特殊"做法都需要特殊的管理来将其联系起来，形成绝对的垄断优势。因此竞争对手很难效仿,能够保持长久的竞争优势。

(4) 网络集成创新模式

这是一种由很多服务企业形成一个共同的网络企业进行创新的模式,整个创新服务的实现是集成网络企业的服务而实现的。网络集成模式中有一个服务创新的组织开发部门,负责将各网络成员企业的服务合理衔接,形成一个新的服务链条。这个服务链条由网络成员企业自身的许多创新活动组合而成。它以客户的总体需求为导向,各成员企业按照自身的服务领域进行服务划分,开发部门只与网络中的成员企业发生相互作用,而与客户没有直接联系。

中远集团应上海通用汽车有限公司的要求为其提供的"门到门"的物流服务,是在集团"从全球航运承运人向全球物流经营人"的转变的战略指导下,由构成网络成员企业的中远集运和上海中货分别提供海上和陆上的运输服务集合而成。由于两家企业在服务空间领域上具有互补性,各自服务的结合构成了整条供应链,但是由于 CKD 货物运输中存在时间要求高等多个特点,要实现海陆运输的平滑衔接,必须加强管理,改变业务流程。针对上海通用有限公司经常会出现集装箱积压、箱量流转周期加长的问题,中远集运和上海中货派出专职技术人员为此及时开发了木箱配送服务项目,极大地解决了集装箱积压的困扰,开辟了中远系统仓储管理和运输能力的新领域。以网络集成模式开发的服务产品,应用于大型的跨国经营客户,此类客户对于创新者的要求较高,因此也构成了服务创新的重要驱动力之一。

(5) 战略管理推动模式

战略管理推动模式,是以企业发挥战略为指导,结合专业化的管理体制形成主要的内部创新驱动力,而技术轨道可服务专业轨道构成了服务创新的外部驱动力。项目船的推出是在广远公司制定的发展战略的指导下,根据市场行情对船舶进行技术改造,打造成一支项目船队,并且优化资源配置,成立独立的经营公司,进行专业化的管理。项目船的推出是公司战略推动的结果,项目船的成功依靠的是专业化的经营管理,此种创新模式形式简单,但是会受到发展战略的制约,无法对市场变化做出及时的反应。而专业化的管理要求灵活多变,因此容易形成矛盾。

2. 中远集团服务创新实证分析

(1) 差异化创新

差异化创新的主体是中远集运,创新产品是快航系列。中远集运的快航系列创新过程体现了一个从低端向高端逐步创新的过程,以方便客户、满足客户的运输要求为中心,提供具有差异化的服务产品。

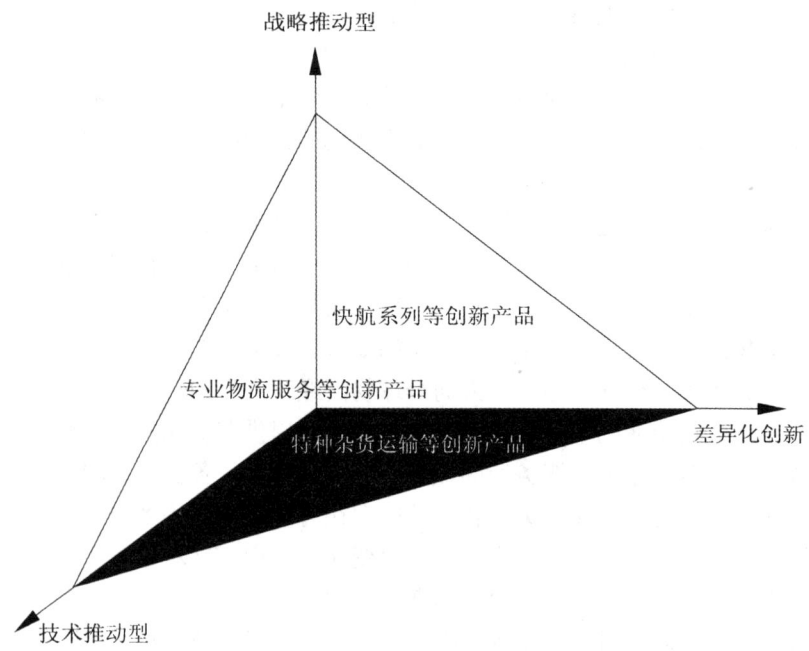

图 4-2-1　中远集团服务创新三维结构示意图

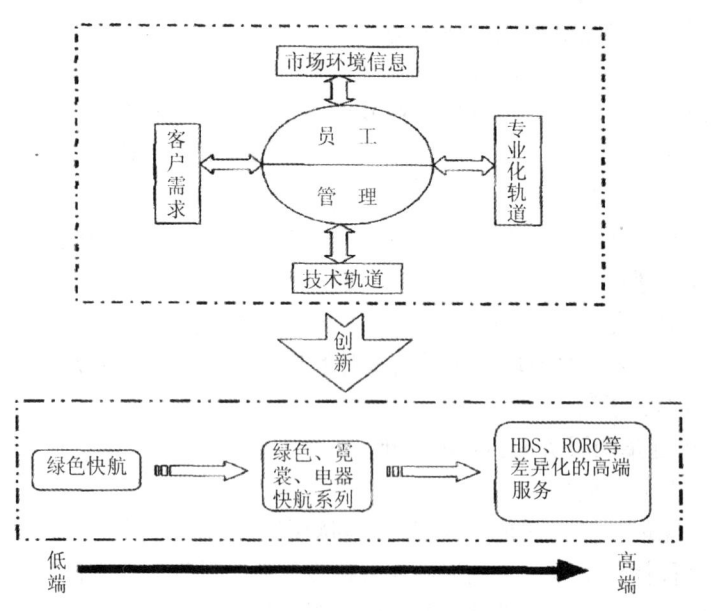

图 4-2-2　中远集运创新示意图

中日航线是中国远洋运输的"常青藤",是新中国开辟的第一条与"西方阵营国家"进行贸易的国际航线。在明确的战略思想的指引下,凭借敏锐的洞察力,中远领导发现日本国内大部分农副产品都需要进口,尤其是以蔬菜为主的生鲜产品在日本的需求量极大,并且只能近距离运输。而我国肉、蛋、菜的沿海高产区正好为日本的"菜篮子"——能保鲜的冷藏集装箱运输带来巨大的市场发展潜力。通过精确的市场"号脉",中远发现生鲜运输的最大障碍就是交货时间得不到保证。由此,一个极富创意的构思方案出现了:出奇制胜地投入新船舶,在中国和日本之间架设一条"食品运输链",以冷藏、冷冻货运输为主,实现周期更短、营运效益更高的班轮运输——"绿色快航"概念浮出水面。中远领导还意识到开航"绿色快航"并非权宜之计,要想在白热化的中日航线一炮打响,并迅速发展壮大,非有一个响当当的品牌不行。"绿色"代表着环保,寓意着畅通,正合冷藏货一方面要保鲜,另一方面为了提高运输效率实行预报关、走绿色通道的初衷。于是中远以"绿色快航"为总名,先后开航了 6 艘航船,并冠以"松"、"竹"、"梅"、"樱花"、"兰花"、"菊花"等既优雅又标新立异,同时还显示品牌文化内涵的名字,充分体现了中日两国在经济和文化方面的融合,受到了日本人民的一致好评。随着"绿色快航"的成功推出,中远员工根据客户的需求与市场的变化,不断进行持续性的创新:投入带喷淋保湿功能的冷箱运输、"霓裳快航"、"电器快航"、HDS 准空运式服务以及 RORO 快速船服务等等。中远以特殊的船只、特殊的设备加上特殊的航线和精确的时间给客户提供了特殊的服务,树立了良好的企业形象,服务品牌深入人心,同时也有效地保护了该项创新服务。根据服务创新的驱动力理论模型,在中远的此项创新服务中不仅由内部因素驱动,还结合了外部驱动力——技术轨道,即带喷淋保湿功能的冷箱运输的投入使用,使"绿色快航"锦上添花。

(2)结构性创新

结构性创新主体是广州远洋(简称广远),其创新产品是特种船运输服务。广远通过对航运市场进行深入调查,根据杂货运输市场专业化、个性化和差异化的发展趋势,决心向"特种货物运输"这个杂货运输高端市场进发,实施发展项目船、以"独特"的船型配置做国际特种货物运输强者的市场战略,从传统的杂货船运输向个性化的项目船运输转变;从定舱概念向组织培育市场,重点做市场经营和项目经营转变。

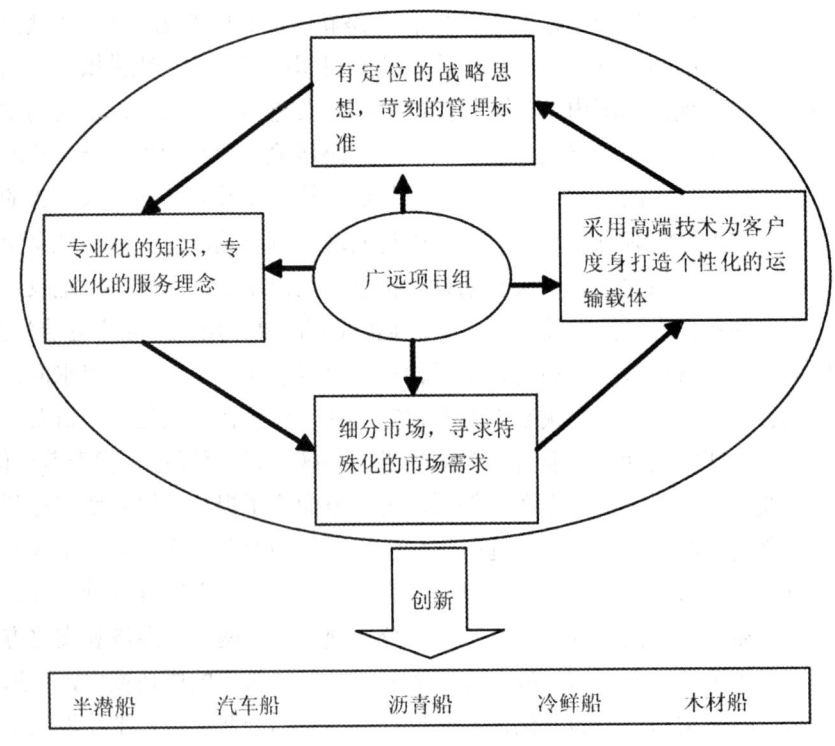

图 4-2-3 广远公司创新示意图

半潜船，这种航运业的特种船，有着挑战海上超极限运输的特种本领。它的出现有效地解决了船艇、石油钻井平台等超大型特殊设备、特重特长等巨型货物的海上运输难题，弥补了航运业特种货物海上运输服务的空白。中远航运及时跟进市场最先进水平及客户要求，建立了具有高科技含量的特种船队，把不适箱的大型成套设备、各类车辆和船舶，以及其他有特殊装载要求的超高、超长、超重件等特种货物运输作为战略重点去开拓经营。这其中中国首次建造的"泰安口"轮最为突出，其设计和建造完全打破了传统观念的束缚，率先将高科技引入了航海领域，装置了轻巧的将推进和方向控制合为一体的SSP电力推进系统和6600V中压电力系统，两个系统在国际上属于首次装船使用。还有DP动态定位控制系统的应用，不但保证了船舶的安全，更主要的是解决了海上工程设备定位定向安装作业的根本问题，给海上开采业提供了极为便利的服务。高科技船舶是实力和驾驭能力差的企业无法实现的高端战略，因此在某种程度上具有一定的垄断性。中远的特种船队就是凭借自身拥有的尖端科技，以雄踞亚洲第一的实力，逐鹿于国际航运的高端市场，为有特殊需求的客户提供垄断性的服务，为中远全球化的战略开辟了市场。

由广远公司开辟的海南、广东西部至北方港口的"海上绿色通道",是连接中国南方瓜果蔬菜基地和北方地区的"南果北运"通道,是为解决南方果蔬销售流通"瓶颈"问题铺设的一条海上通道。瓜果蔬菜的运输一直是物流行业的挑战,开辟"海上绿色通道",广远公司从过去只提供船舶运输服务转变为参与到所有的物流环节中去,与各方面开展合作,将包装企业—冷鲜技术资源—港口业务—海上运输—陆路运输整合成利益共同体,综合仓储、陆运、海运、销售等资源,培育出一个新型市场,为客户的利益增值。"海上绿色通道"运作采取专人负责制,即指定工作人员,从签订合同开始就"贴身"跟进,从集货到上船整个过程都有专人管理、专人负责,确保了整个"通道"的安全畅通。

总之,根据服务创新驱动力理论模型,特种船服务创新的主要驱动力是技术轨道和顾客的特种需求,企业通过服务载体的技术创新来为顾客提供特种服务,满足了高端的市场需求,并且具有垄断的地位和优势,使得中远可以获得垄断利润。该项服务创新使中远具备了竞争者无法比及的竞争力,使其服务水平提升到了一个新的高度。

特种船的研究开发是结构创新的重要例子。特种船市场,进入壁垒较高,但也不是太高,主要取决于:一是技术实力;二是服务水平(专业化的服务、解决方案、提供客户不知情的知识);三是网络,就是随时随地为客户提供及时的信息和货运服务,强调快捷性。现广远的特种船有一定的竞争力,他们的历史经验很多,信誉好(服务、运输、质量),人才和网络的积累,缺少的主要是特殊的专业化服务人才。如他们的产品有重吊船、半潜船,与杂货船运输密切相关的超长、超重、超宽的大件特种船。这些船采用了潜艇中的许多技术,使船的功能更加强大。在中远的"海上绿色通道"服务创新中,"南果北运"的顾客需求是服务创新的诱因,组织管理和员工行为一直起着主导作用,"专人负责,贴身跟进"是该创新模式的一大亮点。同时结合冷鲜技术和运输网络,使得该项创新服务得以成功。中远现有许多企业面临的困难,大都是在船舶建造上的决策失误,比如何时建造、造何种船型等,这使得许多企业的船队结构不合理。想要新船的企业家、出钱造船的投资商、获得新船经济效益的运营商三者之间的分离,背离了创新三要素的基本原则。再如责任不配套、决策者远离市场等。中远未来的建造船要从一个技术创新的角度着手;注意企业家、投资商和运营商三者利益的结合;考虑增加特种船、大项目船,向更有兼容性船型的方向努力。对商家来说,看重的是运输的安全、快捷,而对价格则不是太看重。尽管对是否要建造这种船有许多具体的问题要研究,但在决策过程中的决策慢、效率低却暴露出许多企业决策中存在的问题。

（3）战略性创新

中国远洋物流有限公司（COSCO LOGISTICS，以下简称中远物流）是中国远洋运输（集团）、中远太平洋有限公司（恒生指数成分股，HK1199）合资组建的规模和实力居市场领先地位的现代物流企业，是我国最大的中外合资第三方物流企业。中远物流在细致考察市场需求和对自身实力分析的基础上，重点开拓了汽车物流、家电物流、项目物流和展品物流四大物流品牌。为客户提供高附加值服务，并着力建设铁路运输、驳船运输、城际快运和航空运输四大物流通道，在较短的时间内完善了"中远物流"的物流服务资源，建立了空运、城际快速运输、铁路运输、驳船支线等运输网络。根据服务创新驱动力理论模型，以外部驱动力——竞争者和顾客为战略性创新活动的诱因，激发了公司员工的创新构思，在此基础上，中远集团运用服务专业轨道，为上海通用"量身定做"一条快捷的航线，运用最好的班轮，缩短了运期，提高了效率。同时中远还在内部驱动力——管理的作用下，对上海通用的各个环节进行深入了解，激发出了"亚太堆场"和"木箱配送"等典型的服务创新，推动中远的物流服务达到了一个新的水平。

3. 企业发展成功经验

（1）高效的服务网络

通过近两年的发展，中远物流公司已把货运、空运、船舶代理等资源进行了有效的整合，并且逐渐形成了"以强大服务网络为依托，以海陆空通道为构架，以现代物流及船代服务为核心"的全球性综合物流服务体系。现在中远物流除了在国内的北京、上海、广州、大连、青岛、宁波、厦门、武汉设立了八个区域公司，在中国国内29个省、市、自治区建立了300多个业务网点。另外，在韩国、日本、新加坡、希腊等国家和地区，也设立了众多业务网点。客户的产品只要下了生产线，一直到各地经销商，中远物流都能给予全程跟踪服务。

（2）信息技术的开发应用

在中远推出的服务创新项目之中，不乏应用高新技术推动的全新的服务品种的诞生，比如说半潜船、汽车船、冷鲜船等一批新型船舶的应用，使中远的服务更全面、更优质，而且在日常管理之中，中远集团也大力开展技术创新，将管理系统信息化，这不仅提高了管理效率，而且可以为客户提供增值服务。信息技术是推动现代物流发展的主导力量之一，中远在这方面投入巨大。中远在远洋运输船舶、集装箱卡车及其他陆运车辆上安装先进的GPS全球卫星定位系统，通过总部终端进行全程监测，实时跟踪物流运输状态，为客户提供准确、安全、超值的服务。此外，中远还实现了电子化的方案设计和信息统计。正是凭借中远信息技术的强大支持,中远连续在三峡工程、秦山核电站、田湾核电、惠州石化等重大建设项目中,在与众多国内外强手的角逐中脱颖而出,以绝对优势赢得客户的青睐。①

三、思考题

1. 试阐述在中远集团不同的创新模式中,内外部动力要素发挥的作用。
2. 总结中远集团的创新要素,按照4维度模式重点对海上绿色航道服务进行分析。
3. 为什么中远集团的员工能在实践中发现客户需求并产生创新概念?中远集团的企业文化有什么特色?
4. 中远集团的创新是否会被其他竞争对手模仿?中远集团保护其创新不受模仿的方式是什么?
5. 试从中远集团的案例中,初步概括远洋运输业的服务创新轨道。

---

① 资料来源:中远集团技术中心《中远集团服务创新研究报告之二——服务创新实证分析》,原载于中华人民共和国改革与发展委员会官方网站。

第三篇　服务运营管理

第5章 新服务开发与服务设计

新服务开发是指服务企业在整体战略的指导下,根据市场需求或战略安排,为现有顾客或新顾客开发出全新服务产品或现有服务改进型产品的活动。新服务开发的结果是形成现有服务的价值增值或新服务的价值创造。服务设计是指服务企业根据自身特点和运营目标,对服务运营管理作出的规划和设计,其核心是完整的服务包与服务传递系统的设计。本章所选取的两个案例"'IBM 就是服务'——IBM 的服务转型"和"网络旅游服务——携程网"是新服务开发理论在实践中具体运作的表现。我们可以通过这两个案例深刻理解从制造业向服务业的转型过程,尤其是进行服务业新服务开发的过程,并使我们对服务开发及设计的时代背景和趋势有一定的把握。

案例 5-1:"IBM 就是服务"——IBM 的服务转型[①]

一、案例概览

IBM,即国际商业机器公司(http://www.ibm.com/),1914 年创建于美国,是世界上最大的信息工业跨国公司,同时也是全球最大的硬件公司、信息技术服务及信息技术租赁和融资公司。公司总部位于美国纽约州阿尔蒙克,拥有全球雇员 30 余万人,业务遍及 164 个国家和地区。IBM 公司自从 1993 年业务重组以来,年收入连续四年创纪录,1998 年达到 817 亿美元,2000 年达 880 多亿美元。

从一个传统的计算机制造商转向 IT 服务提供商,不仅组织结构需要调整,企业的价值观、企业文化及业务流程等都需要进行重大的改革。从 1993 年开始,IBM 就对业务的各个方面进行了详细的审查。在其后的几年里,IBM 开始重组业务流程以削减成本、消除冗余和加快周转。与此同时,IBM 开始运用以网络

---

① 仲长江.IBM 的服务转型[J].企业改革与管理,2006(12):70~71;石菲.IBM 的服务阻击战[J].中国计算机用户,2008(27):28~29;戴妮.像用水用电一样用 IT[J].物流时代,2009(1):71~72.

为中心的计算技术来创建自己的电子商务基础设施。这次变革让 IBM 重获生机,并完成了全面服务体系的构建和电子商务转型。在转型过程中,IBM 自始至终贯彻了三个理念,以帮助企业建立随需应变的业务模式:第一个理念就是随需应变。这个理念用以指引企业对组织结构和业务模式做出调整,使之适应随需应变的需要。IBM 转型中的一项重要工作,就是打破"项目驱动",在企业内部实行整合,使各个部门顺应整体规划,跨部门的协作可以满足客户复杂多变的需求。第二个理念是专业专注。IBM 主张专业的人做专业的事。很多时候,客户并不知道自己可以在哪些方面获得提高,这就需要专业的企业为他们提出建议,这些企业具有相关的行业经验、良好的知识和信息系统,能够发现客户自己都不知道的深层次需求。第三个理念是利用公共资源。公共资源是那些通过正常的交换就可以获得的资源。广泛地利用公共资源,是企业迅速获得随需应变能力的重要手段。公共资源可以通过正常交换获得,当企业需要扩大业务时,就可以迅速地从市场上得到。同样,企业也可以在业务需求缩减时迅速减少资源的购买,从而不会造成资源的闲置。例如,改革后 IBM 的客户关系管理由 12 个子流程构成[①]。CRM 实施的直接结果是各种新的产品源源不断地推出,新的技术成果也迅速地转化,公司对市场的反应速度加快,客户满意度得到极大的提高。

2001 年,IBM 前首席执行官郭士纳(Louis V. Cerstner)先生断言,在未来 10 年里,信息技术产业内的服务会成为市场的主导,而不是硬件和软件。继任的首席执行官彭明盛(Samuel J. Palmisano)先生强化了这一观点,他加速了 IBM 从硬件巨人向技术服务巨头的转变。IBM 不再依靠销售计算机和软件,而是把重点放在了说服"财富 500 强"企业由 IBM 提供所有技术,这包括技术支持人员、数据存储服务等。2002 年,彭明盛花了 35 亿美元收购了普华永道的咨询业务,这给 IBM 带来了咨询人员和业务关系;他还花了 20 亿美元收购瑞理软件(Rational Software),这为 IBM 提供了软件开发工具。2008 年 IBM 宣布以 17.5 亿美元的价格将全线 PC 业务(包括台式电脑和笔记本电脑)出售给中国的联想。由此,由彭明盛领导的 IBM 扩大了外包业务,重点放在为顾客提供解决方案上面。IBM 将自己定位为"世界上最大的服务企业"。根据彭明盛的计划,IBM 将成为一个没有先例的一站式采购目的地,帮助企业实现各个部门、供应商、合作伙伴、客户的电子一体化,它不仅能帮助企业设计或重新设计战略,甚至能接管人力资源、财务等关键的业务流程,它还能部署硬件和支持万维网的软件以帮助达到这些目的。

---

① 包括市场机会管理、市场管理、客户关系管理、技术管理与员工培训计划、信息提供管理、解决方案的设计与交付、客户满意度管理、市场信息管理、供应商管理、知识管理、客户需求管理和业务伙伴管理等。

此后 10 年来，IBM 全球服务部逐渐成长，并成为全球最大的 IT 服务提供商、外包提供商、咨询提供商和产品支持服务公司。也就是在这个阶段，IBM 在 IT 服务领域的角色被定位为行业潜规则的制定者。2006 年年底，IBM 全球服务部又开始围绕"服务产品化"这个核心进行转型。为更好地实施端到端的服务，IBM 将基于基础架构访问服务、基础架构管理服务和基础架构支持服务三大服务产品群分为 10 条服务产品线，包括 IT 策略与基础架构咨询服务、数据中心及智能化集成服务、中间件服务、服务器管理服务、数据与存储服务、网络服务、办公室系统支援与终端设备服务、企业 IT 安全服务、业务连续与灾难恢复服务、技术维护与支持服务等，他们把通常应用于传统市场的产品开发和交付原则注入服务业。自服务产品化之后，IBM 全球服务部总收入一直有着比较强劲的增长，服务产品化也成为 IT 服务领域的一个标杆。

SaaS 是 Software as a Service（软件即服务）的简称，它是一种通过 Internet 提供软件的模式，用户不用再购买软件，而改用向提供商租用基于 Web 的软件，来管理企业经营活动，且无须对软件进行维护，服务提供商会全权管理和维护软件。2008 年 12 月 9 日，IBM 公司发布了全新流通行业的 SaaS 服务，标志酝酿多年的"软件即服务"（Software as a Service）的理念终于落到了实处。本次启动的流通行业 SaaS 服务是 IBM SaaS 业务流程外包服务的首项成果，主要通过网络提供供应链全程的可视化管理，使零售商与供应商高度协同、信息共享与经营数据分析。从业务的角度来看，这次发布的 SaaS 供应链管理体系主要有三方面优势。第一，真正实现了信息共享，协同经营。通过整合供应链，供应商可以直接参与到零售商的经营过程之中，根据当前数据及时准确决策，做好预先控制和事中控制，大大缩短流通路线，使增加销量、降低库存、提高效益成为可能。第二，通过可视化的界面监控供应链的执行状态。通过优化流程，在全流程透明可视的状态下，零售商和供应商通过对核心业务的直观协同控制，可以有效提高工作业务流程的推进效率，避免缺货或者盲目订货导致的积压，随时掌控结付款状况，从而建立需求驱动的供应链。第三，实现智能化分析。系统可以提供不同业务和流程的查询分析、不同时间点或时间段的查询分析、不同分店与总店的经营排名分析，从而确保不同参与者以不同身份权限处理业务。

IBM 的服务战略是成功的，2007 年，IBM 公司销售收入达 987.86 亿美元。其中有 540 多亿美元是服务业务，服务业务的销售收入超出排名第二的竞争对手两倍多。在中国电子信息产业发展研究院举办的"2008 年中国 IT 服务年会"上，IBM 公司凭借创新的 IT 服务理念、全方位的整合服务资产以及卓越的服务执行能力，在 2008 年中国 IT 服务用户满意度调查中一举囊括数据中心节能服务、企业 IT 安全服务与业务连续和灾难恢复服务三大领域的唯一满意金奖，以及电信、能源、物流三大行业的专业服务满意奖。这再次印证了 IBM 在中国 IT 服务市场上毋庸置疑的领导地位。

二、案例解读

长期以来，IBM 一直以"硬件制造商"的形象来给自己定位。但进入 90 年代，IBM 陷入了前所未有的困境，便开始了一场从制造商到服务商转变的战略转型。在 2002 年，IBM 首先提出"电子商务随需应变"，企业借助"随取即用"服务，很自如地梳理、优化并整合从订单到最终产品的全部流程，然后通过电子商务方式打通链接，将企业外部统一连接，以快速响应客户需求和市场机遇，应对外部挑战。IBM 企业在发展的过程中形成了"成就客户、创新为要、诚信负责"的三个新的价值观。

1. IBM 转型的理论依据及原因

（1）转型的理论依据

IBM 转型的理论依据是在新时期形成的"随需应变"战略。从竞争战略理论角度来看，IBM 给随需应变企业的定义——聚焦核心，实时响应，灵活可变，坚固可靠。这体现了 IBM 公司通过了解市场环境的变化和各方面的需求，对于自身在市场竞争中集中在差异性的能力上，反应快速。IBM 对市场进行研究选择，制定基本竞争战略，以聚焦战略和差异化战略，从而保持自身优势。从服务设计的理论角度来看，IBM 退出 PC 硬件业，全面进入知识服务、软件和顾问等服务市场。向客户提供对方的需求的任意解决方案，包括整合有 IBM 的硬件、软件和服务在内的产品和合作伙伴的产品。这说明 IBM 认识到服务营销的地位，通过服务营销来促进服务的交换。在充分认识顾客需求的前提下，以顾客导向为理念，通过相互交换和承诺以及与顾客建立互动关系来满足顾客对服务过程消费的需求。这是技术核心分离设计法（又称顾客接触设计法）中的高顾客接触部分（前台），高接触程度的前台采用顾客化的设计思想，以满足顾客的个性化需求。

（2）转型的原因[①]

从上述分析可以看到，硬件产品同质化加剧了厂家竞争，最终导致利润率下降，高人力成本的 IBM 中国需重新寻找高价值市场作为公司下一阶段增长点，并及早制定转型战略。然而下一步必须首先解决转型方向问题。IBM 之所以确定 IT 服务作为战略转型方向，是基于对市场需求和自身资源优势的充分了解，原因有以下几点：第一，IBM 在开展硬件业务期间累积了丰富的 IT 服务

---

① 李志永. IBM 中国 IT 服务战略转型分析[D]. 中山大学，2009：20～28.

经验，形成了完善的服务体系架构，培训出了大批优秀的IT服务人才，发展IT服务的起点比竞争对手高；第二，IT服务和硬件业务拥有大批共同的客户群，对IT服务的成功起步提供了重要帮助；第三，随着客户IT系统复杂程度的提高，IT服务市场份额逐渐提升，服务价值也不断提高；第四，中国IT服务市场处于发展初期，IBM中国通过借鉴全球服务经验将创造出更多新服务产品，扩大IT服务范围。

2. IBM公司转型的成功经验与启示

（1）服务创新，走差异化服务道路

纵观IBM服务转型的整个过程，其中的关键是经营理念从"产品中心"转为"客户中心"，提供整体的解决方案，为客户提供高的客户让渡价值。IBM首先改变了过往"产品导向"为"客户导向"，接受服务营销的理念，从客户的角度出发考虑问题，再整合自己的资源来满足客户的需求，最终为客户提供高的客户让渡价值。主要包括以下几个方面：全力开拓服务市场，并把最好的领导者派到前线；永远倾听客户的声音；发扬自己的核心专长并且保持战略上的专注；简历业务协作平台以及良性的"竞合"关系。IBM跟随产业模式的变迁，及时调整和创新服务模式，从产品到服务，再到"服务产品化"。

（2）质量、服务，决胜品牌战略

品牌一旦和"低质"、"欺骗"等负面词汇联系在一起，质量问题损失的将不仅仅是消费者对其品牌的信心和信赖，而且在特定的时间内，就会被市场边缘化，在新一轮的竞争中，也更容易被竞争对手超越甚至取代。企业若为了利润压缩成本、忽视消费者的声音，将会付出高昂代价。IBM公司就是一个明显的例子。信息社会的发展一方面推动了技术的加速进步，另一方面使得消费者越加理性。"刁民"时代对电子企业提出了更高的要求——产品的服务成为了产品价值的重要部分。因此，IBM公司凭借创新的IT服务理念、全方位的整合服务资产以及卓越的服务执行能力，在2008年中国IT服务用户满意度调查中一举囊括数据中心节能服务、企业IT安全服务与业务连续和灾难恢复服务三大领域的唯一满意金奖，以及电信、能源、物流三大行业的专业服务满意奖。至于SaaS应用是IBM与国内流通行业供应链管理的领先厂商——北京富基融通科技有限公司联合打造的先进的服务模式，即服务过程再设计，这个设计内容包括了：服务包的标准化、服务系统的标准化、设计和控制的标准化。总之，在市场竞争中，要把握好目标市场，制定相应的营销战略；同时，要时刻关注市场环境的变化，不能故步自封，要不断创新。

三、思考题

1. 试分析 IBM 公司进行转型的时代背景及深层次原因是什么。
2. 试举例说出与 IBM 公司相类似的服务企业，并进行相关的比较说明。

案例 5-2：网络旅游服务——携程网

一、案例概览

携程旅行网创立于 1999 年，总部设在上海，目前已在北京、广州、深圳、成都、杭州、厦门、青岛、南京、武汉、沈阳等多个城市设立了分公司。作为中国领先的在线旅行服务公司，携程旅行网成功整合了高科技产业与传统旅行业，向超过几千万会员提供集酒店预订、机票预订、度假预订、商旅管理、特约商户及旅游资讯在内的全方位旅行服务，被誉为互联网和传统旅游无缝结合的典范。携程网于 2003 年 12 月 9 日在美国纳斯达克成功上市，在资本市场获得充足的融资，为其在国内市场大展身手打下了坚实的基础。

1999 年，当时的互联网热闹非凡。辞掉了 Oracle 工作的梁建章和沈南鹏、季琦等三人一起投资 200 万元创办了这家网络公司——携程。1999 年 5 月，携程在上海正式成立，当年 10 月，携程旅行网正式开通。经历了三次重大调整后，2004 年公司形成了酒店预订、机票预订及旅游管理三大主要业务模块[①]。在创业之初，他们先选择了做酒店的预订业务。经过考虑当时国内旅行服务的状况，他们发现只有酒店预订拥有不需要配送、没有库存之忧、便于客人支付的优势，非常适合携程的情况。事实上，酒店预订投资少，便于利用公司的网络优势。因此，携程开始摆脱纯粹网络公司的形象，进入酒店预订的业务当中。1999 年 11 月，携程旅行网正式开展酒店预订业务，酒店在线预订系统随后投入使用。在酒店预订中，携程的盈利模式十分简单，即从酒店处拿到佣金。从实际效果来看，酒店预订每年可以为携程创造可观的利润，携程便成为全国最大的酒店预订公司。2000 年 10 月，携程完成了对国内最大订房中心——现代运通公司的整体收购，实现线上和线下同时开展客房预订业务。北京现代运通公司是国内第一家利用 800 免费电话进行酒店预订的订房公司。在收购这家公司后，携程的业务量大增，这次收购对携程的意义很大，因为网上订房有其不足之处：

---

① 苏以南. 携程：一种模式的胜利[J]. 投资与合作，2004（4）.

当时的国人由于传统的习惯，对网上订房不放心，也有的会员在网上订房不方便。于是，在收购现代运通后，携程拥有了线下的网络体系，客户无论是网上还是网下都可以方便预订。随后，携程建成了网络和呼叫中心，同时开展订房业务。到2001年，携程已经拥有了2000多家签约酒店，订房业务平均每月两万间（夜），年交易额为5亿元，实现了400%的增长。2001年10月，携程开始赢利。

接下来携程开始进入票务服务。相对于酒店预订，开展机票预订业务的优势也十分明显。携程进入机票预订行业的捷径就是收购。2002年4月，携程收购了北京海岸机票代理公司，迅速进入机票业务。并同国航、东航、南航三家国内航空巨头联手开展合作，其航空资源也越来越丰富。此外，携程建成了国内规模最大的机票预订服务网络，覆盖城市达37个。此时，酒店和机票预订成为携程的两大主要业务，业务量大概为7:3。使其成为旅游服务企业的是进军旅游项目管理。2004年2月25日，携程在上海宣布与上海翠明国际旅行社战略合作，并将后者更名为上海携程翠明国际旅行社有限公司。这意味着携程开始从酒店、机票预订，正式向第三项业务——以"机票+酒店"为主的旅游度假领域挺进。自此，携程开始称自己为"全方位的旅行服务公司"。

携程一直拒绝称自己是一家".com"公司，CEO梁建章曾经说"我们就是传统企业"，然而，就是这样的一家"传统企业"，却成为中国互联网界的标志性公司。在纳斯达克成功挂牌上市后，携程所募集的7000多万美元被投入到公司的收购当中去，因为公司还围绕旅游这一主线，考虑收购其他的一些企业。

上市后的携程已经全部实现了流程化，但这些流程都必须建立在完善的IT系统基础上，这正是携程区别于传统旅行社的关键所在。比如，怎样和酒店结算？在成立之初，携程曾经有一年时间不得不面对收房率偏低的问题。虽然酒店从携程那里获得了客户资源，但它们一开始并不返还佣金。收房比例是携程遇到的一个难题，第一年他们的佣金返还率能有40%就很不错了。现在谈起这些，梁建章将情况的改善归功于携程的IT系统，"酒店业毕竟是一个比较成熟的行业。因为我们能够提供非常清晰的系统记录，证明入住客人的确是从携程得到的推荐，因此在一年后，收房比例就有了大幅度提升。这是携程从IT系统获得支持最明显的例子"。在和酒店的合作过程中，携程逐步建立并完善了针对酒店的控制系统，一旦发现酒店的质量下降或投诉率增加，就会相应调低评级和推荐度，反之则会有所提升。让梁建章感到自豪的是，携程在信息技术上的许多举动都是业内之"最"：比如机票预订系统，携程是第一家能够做到打一个电话、全国十几个城市均可出票的公司；再比如携程的呼叫中心，是亚洲旅游行业最大的呼叫中心。

携程的优势在于产品的成熟度和丰富度,"网站的操作性更强,客户打电话到旅行社去可能讲不清楚,而我们在网上订,很快就能做好。对自助游来说更需要机票和酒店的确定,而在这方面,携程有很好的平台。"梁建章表示,"我们比纯粹的互联网企业有说服力,又比纯粹的传统企业有竞争力。事实是,现在我们已经胜出了。"

二、案例解读

自1999年成立以来,携程旅行网发展迅速,现已成为中国最著名的旅游品牌之一。期间携程成功在美国纳斯达克上市,成为中国旅游业第一家在美国上市的企业,并不断获得较好的经营利润。截至2007年3月29日,我国旅游电子商务做得较好的专业旅游网站有300多家,可以归纳为五种类型(如表5-2-1所示),这可以说是携程网面临的主要环境。但携程旅行网仍拥有着一定的竞争优势。

表5-2-1 国内旅游电子商务网站类型[①]

旅游网站功能描述	代表网站
提供实用旅游信息查询和产品预订中介服务的综合性旅游电子商务	携程旅行网(www.ctrip.com) 艺龙网(www.elong.com) 中华假日旅游网(www.chinaholiday.com)
主营航空、酒店或其他类旅游产品预订	信天游(www.travelsky.com) 金色世纪(www.jsj.com.cn) 中华分时度假网(www.timeshare.com.cn)
旅游企业开展网络宣传及网上旅游业务	青旅在线(www.cytsonline.com) 春秋旅游网(www.china-sss.com)
各类旅游目的地资讯网及地方性旅游网站	中华行知网(www.sotrip.com) 云南旅游信息网(www.yunnantourism.com.cn) 海南旅游网(www.hitravel.net) 黄山旅游信息网(www.intohuangshan.com/)
旅游管理部门、行业协会、研究机构等以面向业内为主的网站	中国旅游网(www.cnta.com) 中国旅游饭店业协会网站(www.ctha.com.cn)

1. 携程网的竞争优势

(1) 独特的品牌定位

品牌的成功与否取决于定位。作为互联网经济时代网络公司的携程,在创业之初就有着明确的定位:利用互联网和呼叫中心等新技术手段,凭借自身的

[①] 中国旅游网及国家旅游局公布材料整理编制(http://www.cnta.com,http://www.cnta.gov.cn),转引自:李红伟. 携程旅行网经营模式研究[D]. 对外经济贸易大学,2007.

技术领先优势，构筑一个完美和高效的服务流程，给消费者提供全新的服务，带来最好的客户体验，同时为公司开拓合理和可持续性的盈利模式。

第一，清晰的目标市场。品牌定位依赖于公司有清晰的目标市场，企业只有将总体市场细分出适合自己产品特色、自己能提供有效服务的目标市场，并依据目标消费群体的特征进行合理的定位，才能有的放矢。携程旅行网将商旅客人及旅游爱好者视为目标群,通过与业务伙伴和旅游产品供应商的策略联盟，坚持"以客户为中心"的原则，建成快捷有效、体贴周到的服务体系。与此同时，携程旅行网结合网上服务平台和网下的各种软、硬件设施，全方位满足客户的旅行需求。不断创新和前瞻性的思考使其快速地成长，推陈出新的产品、服务和设施使其在日新月异的因特网时代能够满足日益多样化的客户需求。目前携程旅行网的主要目标群为商旅客户和休闲旅游客户。针对客户的不同需求特点，携程旅行网制定了不同特色的服务内容。如考虑到商旅客户一般经常性出差，携程旅行网根据具体企业的特殊出差政策等内容，有针对性地开发了企业商务旅行管理系统。企业可以通过系统实施获得整个公司全面详细的出差费用报告，并可根据财务分析，进行有效的成本管理（详见表5-2-2）。

第二，独有的技术平台。信息技术及其相关技术的快速发展，为旅游电子商务的发展奠定了良好的基础。这些可利用的新技术包括：宽带网络技术、地理信息系统（GIS）、遥感（Rs）、全球定位系统（GPS）、空间决策系统、旅游管理系统（TMS）以及虚拟现实（VR），主体是数据、软件、硬件、模型和服务，本质是计算机信息系统。携程旅行网在拥有十多年应用技术开发经验的管理者带领下，主要依靠自身技术力量，建立了相对完善的网络技术平台和信息管理系统。2004年12月，携程斥资约2000万美元用来建造一个现代化的"在线旅行技术服务中心"。这所中心基本上囊括了三个层次（如图5-2-3）：①旅游目的地信息平台。包括景区历史文化背景、自然和人文景观特色、社会风情和旅游商品等介绍。它使旅游者及潜在的游客详细了解旅游目的地各种特色和资源，从而引起他们的强大兴趣，进而成为携程旅行网的顾客。②旅游服务信息平台。主要包括交通状况（区内以及到附近主要城市的交通状况）、主要景点旅游线路和报价、气象报告（天气预报、48小时卫星云图）、旅游投诉、各种预定系统（包括客房预定系统和票务预定系统），其中还包括旅游商务数字化子系统，它是开放性的公共商务网，为旅游企业提供信息交换、电子商务及旅游者与旅游企业之间的咨询、预定和付款等服务。③旅游管理信息系统。主要提供专业分析工具，如游客需求分析、旅游人力资源管理等，是内部旅游管理部门之间信息互相对接的安全保密网络系统。

表 5-2-2　携程旅行网的服务特色①

客户类型	服务特色
商旅客户	1. 按企业需求定制 可以按照具体企业的特殊出差政策、结算方式、服务要求、量身定制，携程旅行网推出的企业商务旅行管理系统（Travel Management System）已成为企业用户差旅管理一站式预订服务平台。
	2. 有效的出差费用管理系统 企业可以通过商务旅行管理系统（TMS），实时获得整个公司全面详细的出差费用报告，并可进行相应的财务分析，从而有效地控制成本，加强管理。
	3. 随时随地享受服务 通过互联网或 800-820-6666（免费）/021-33134545 全国热线电话，企业员工在旅途中或在家里都可 24 小时享受携程旅行网的便捷且优质的服务。
休闲旅游客户	1. 个性化服务 利用携程不同价位的产品库，客户可根据自己的旅行嗜好，定制出一个称心如意的行程安排。
	2. 信息全面化 客户可以找到真正实用的旅游信息，做到出行前胸有成竹，出行中随时有帮助。
	3. 旅行、交友、娱乐并重 客户在网上可和其他网民交流心得，还可寻找旅伴或导游，个性旅行却不孤独。

总之，从引导客户需求，甚至到改变客户需求，携程一直在通过信息化寻求服务创新。目前，在携程网站上可查询国内外 5000 多家酒店的详细内容，目的地指南涵盖全球近 400 个景区、6000 多个景点的交通、餐饮、住宿、购物、娱乐、出游佳季、推荐线路、注意事项等实用信息，提供出行情报、火车查询、热点推荐、域外采风、自驾线路等资讯信息，是旅游者出行前必备的电子导游。同时携程网络社区拥有 5 万多篇网友游记、20 多万张网友发的旅游图片，此外还拥有大量的最新自助线路攻略可供查询。

（2）新颖的经营方式

当前，我国旅游市场正处于由初级阶段向中高级阶段转化的过程之中，旅游消费将渐趋理性化、个性化，观光旅游逐渐转向休闲度假旅游。携程旅行网为会员开辟了自助旅游专区，根据客户的个性化需求提供服务。携程的自助旅游（网上定制旅游）主要是让消费者自己根据网站所提供的目的地资料及出发

---

① 根据公开材料整理编制（http://www.ctrip.com, http://www.iresearch.cn/reports, http://www.ctrip.com/html/public/ctripab/service.htm）。

地点，来选定到一个或多个目的地，并自由选择每个目的地的排列顺序，然后将选定的旅游线路、出发地、出发日期等信息在社区内发布。不过目前携程针对不同需求因素，对自助旅游服务市场进行适当的细分。每个目标市场的需求主要因素都各不相同，根据各主要因素，设计相应的订制条件。

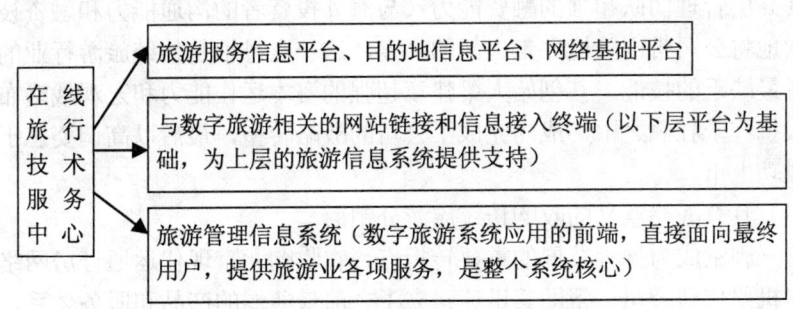

图 5-2-3　携程旅行网在线旅行技术服务中心[①]

携程旅行网不仅要抓住现阶段自助旅游市场的主要潜在消费人群，又要好好把握未来该市场的主要消费人群。

（3）与战略伙伴紧密合作

电子商务活动中任何一笔交易，都是由四种基本的"流"，即信息流、商流、资金流、物流所组成。而旅游电子商务，利用网络虚拟的服务，省去了传统B2C的物流和支付成本。携程旅行网也正是利用旅游网络服务中（除机票外）并无过多商品流通的环节，在很大程度上避免和物流发生关系，节省了大量运营成本。事实上，携程网的更大成功在于信息流、商流及资金流运作的完善，而这些更多地得益于产业的联合。携程网站通过中间市场把会员和全国数千家酒店、所有的航空公司紧密相连起来。通过携程网这个信息平台，建立了旅游需求方和酒店、旅行社和航空铁路等供给方的双方数据库。携程扮演着航空公司和酒店的"渠道商"角色，双方通过战略联盟协议共同开发中国市场，业务核心以机票、酒店预订为主，靠发放会员卡吸纳目标商务客户，同时后台依赖庞大的电话呼叫中心作预订服务。

2. 携程旅行网成功的启示[②]

（1）高素质的管理团队

携程旅行网的高层管理团队中汇集了投资、IT、旅游业的精英人才，其高瞻远瞩的战略眼光和对世界电子商务发展的精深理解、超强的融资能力、对IT

---

① 根据携程网站及公开材料整理绘制（http://www.ctrip.com/html/）。
② 巴佳慧．携程旅行网赢利模式研究[D]．南京师范大学，2007：45～46．

技术的应用能力、超前的决策能力与务实的经营管理能力决定了其能够在这场竞争中突围而出。可以说，是几个精英的存在决定了携程与其竞争者完全不同的历史命运。

（2）超强的融资能力

其高层管理团队超强的融资能力（与海外投资者的沟通能力和融资技巧）一次次地将公司带出险境并走上新的高度，这一点恐怕是传统旅游行业的高层管理者最缺乏的技能。其创始人梁建章超强的资本运作能力和宏观战略布局每每挽救携程于狂澜之中，成功完成了公司的战略转型，最后以高调姿态于纳斯达克成功上市。

（3）具有战略意义的收购传统旅游分销商

这一因素成为携程发展的重要转折点，它收购北京现代运通订房网络和北京海岸机票代理公司，帮助其迅速建立了之前最薄弱的产品和服务体系，成功的战略收购和整合成为携程发展的历史转折点。

（4）IT技术手段与传统业务的有效整合

携程对IT的应用能力在当时的竞争者中并非处于最佳水平，但其高层管理团队却清醒地认识到：在线预订要真正地被中国消费者接受需要一段漫长的时间，传统电话分销的潜力仍然不容忽视。所以在完成对传统分销商的收购后，携程迅速建立起了先进、大规模的呼叫中心预订模式，作为在线业务的重要补充。同时其所采用的酒店前台现付＋纸质机票为主的产品体系以及自行车＋现金（机票销售以现金收取为主，并利用自行车送票）为主的结算和服务体系充分体现了中国电子商务发展的特色。

（5）独具中国特色的市场推广手段

携程也曾经经历过疯狂烧钱的阶段，但互联网高潮的破灭使他们重新认识到了传统市场手段的渗透力。其所发展的独具中国特色的派发会员卡推广模式迅速覆盖了中国各大主要机场、火车站、码头等，通过合作伙伴的联合市场营销也开辟了传统旅游业从未走过的新路，其会员迅速增长，所发展的会员积分奖励制度和特约商户服务也为竞争者和后来者树立了难以逾越的屏障。

三、思考题

1. 试分析携程网所面临的竞争环境。
2. 试根据相关理论比较携程网与艺龙网。

第 6 章 服务接触与传递

服务接触是指顾客与服务组织的某些方面（员工或有形实体要素）发生直接接触和交互作用的过程。对服务接触概念的理解，有助于企业设计和管理服务流程，并有针对性地培养服务员工。服务传递是一个系统，它是企业服务战略、服务文化、服务管理和服务营销的综合体观。服务传递系统可以用一个可视图来描述，并可进行服务设计，亦即服务传递系统可以用服务蓝图表示。本章的两个案例"西尔斯公司借助服务利润链获得新生"和"迪斯尼公司对人员的培训与激励"充分体现了服务接触与传递的系统过程，使我们能够系统地理解和掌握在服务企业中服务接触与传递的相关理论与实践过程。

案例 6-1：西尔斯公司借助服务利润链获得新生

一、案例概览

西尔斯（Sears Roebuck and Co.）是美国历史最长、规模最大的零售连锁企业之一。20 世纪 80 年代以来，西尔斯面临着沃尔玛等其他强劲对手在零售业中的激烈竞争。1992 年，西尔斯遭受了有史以来的最大亏损，当年销售额为 523 亿美元，净损失达 39 亿美元，其中 30 亿美元来自商品销售部门。

1. 西尔斯的"员工—客户—利润链"模型的提出

公司新的高层管理者痛定思痛，在 20 世纪 90 年代中期，决定借助服务利润链理论的思想，进行公司经营理念和企业文化的转变，对公司的各项业务进行了清理，使企业注意力重新聚集到商品销售。西尔斯提出了以顾客为中心、节约成本的发展战略。为使企业聚焦到以顾客为中心的经营模式上，西尔斯的领导层成立了 5 个工作小组，分别在客户、员工、财务表现、价值等方面推动公司改革，同时设计了跟踪和测量员工态度、顾客满意、财务表现及其关系的管理测量系统。客户工作组追踪了几年前的客户调查，进行了 80 个客户焦点小组访谈。通过对顾客的详细调查，他们发现其服务未能满足顾客期望，表现为：

经常有产品缺货、找不到销售人员、退货非常费时、服务态度恶劣。员工工作组通过对26个员工焦点小组的访谈以及对员工态度和行为的调查数据分析,显示了员工对公司的成功有极大的兴趣,他们为在这里工作而感到骄傲。财务表现组建立了一个未来20年股东回报的驱动模型,论证了如何使西尔斯成为财富500强中排名前1/4的企业。价值组收集了8万名员工的调查信息,确认了西尔斯人强烈感受到的6个核心价值观——真诚、正直、尊重个人、团队工作、信任和以顾客为中心。调查结果表明,虽然各有抱怨,但人们基本上还是喜欢的,公司最大的资产就是消费者希望看到西尔斯的成功。

在对顾客、员工和投资者调查的基础上,各工作组定义了自己的目标并提出了相应的度量标准和方法。在顾客方面,公司的目标是:建立顾客忠诚度,力争使公司成为有吸引力的购物场所,用最好的员工提供优质的顾客服务,以合理价格为顾客提供合适的产品;在员工方面,公司的目标是:建立一支完全投入并有授权的员工队伍,鼓励新思想,创造一个能够使员工发展技能和实现个人目标的工作环境;对投资者而言,公司需要提高毛利、改善资产管理、提高生产率、增加总收益。

为将上述目标落实到具体的测量方法上,并体现员工、客户和投资者三方目标间的逻辑和因果关系,西尔斯的研究小组利用计量经济学方法建立了类似平衡计分卡的定量模型,这被称为"员工—客户—利润链"模型(见图6-1-1)。显示了从员工态度到企业盈利表现的实际因果关系和路径,使管理层和员工真正了解了哪些是导致未来公司财务绩效的主要驱动力。

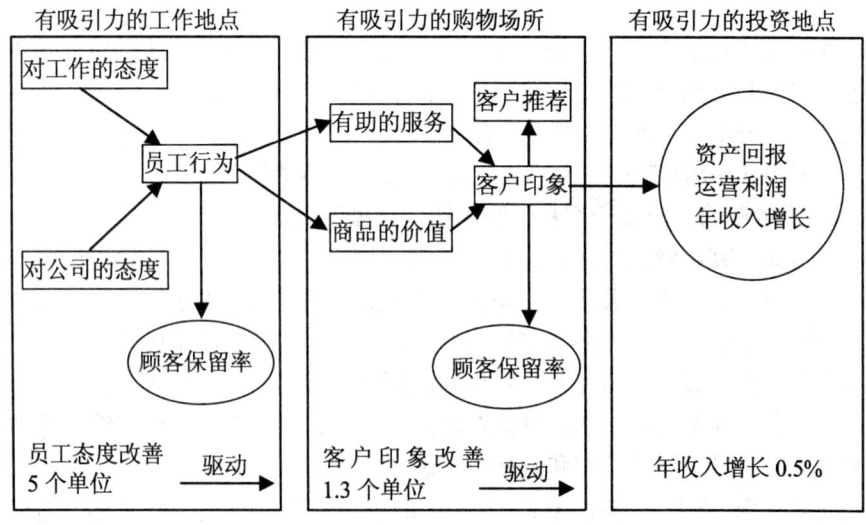

图6-1-1 "员工—客户—利润"链模型

"员工—客户—利润链"模型帮助管理者进行公司运作管理与决策。比如某项投资是否会提高顾客保留率，带来更好的口碑宣传、更高的年收入以及更大的市场份额？如果这样，能持续多久？通过对大量调查数据的统计分析，运用因果路径模型方法（它是一种研究多个变量之间多层因果关系及其相关强度的方法），西尔斯公司的研究小组建立了各种测量指标之间的相互关系和主要关系路径。模型显示，若员工的服务态度改善 5 个单位，顾客满意度会增加 1.3 个单位，公司收益增长 0.5%。通过模型，西尔斯管理层发现，员工对工作的满意度和态度以及对公司的理解程度是影响员工工作行为和总体满意程度的主要因素。

2. 模型的具体实施

为在全公司推行"员工—客户—利润链"模型，西尔斯公司管理层在企业的上、下之间建立了有效的沟通机制。在实施该模型以前，只有第一线的员工知道西尔斯与顾客之间出现了危机，但他们并没有将这一信息向上传递。实施该模型后，需要让销售人员认识到，不仅顾客重要，他们自己也同等重要，没有员工的参与，公司就不可能生存。西尔斯管理层运用各种图表、计划并采用对话的方式帮助员工转变观念，将对其行为和业绩的测量贯彻到工作当中。这些沟通使员工对自己与企业的关系有了正确的认识，并对公司产生信任感和责任感。此外，西尔斯管理层还让员工意识到，让顾客满意是员工获得报酬和职位晋升的基础，从而将其注意力引导到服务于顾客的行为中来，以便为顾客提供主动、及时和优质的服务，传递公司在顾客心目中的价值。

"员工—客户—利润链"模型的实施改变了公司内部的领导行为和激励机制。对高层管理人员，西尔斯建立了长期激励机制，该机制以财务表现和非财务表现为基础，其中 1/3 来自员工测量，1/3 来自顾客测量，1/3 来自投资者的测量。在认识非财务测量手段的重要性以后，按照对顾客满意度的改善程度，西尔斯根据各级经理的表现给予不同的激励工资。

为保证模型实施的有效性能切实落实到当地的西尔斯商店，西尔斯安装了电话调查系统，采用随机抽样方法对顾客进行电话访问，了解顾客对公司、商店、部门销售代表（通过发票上的员工号码记录）的满意程度，以此对各个层次的服务质量进行评价，获取改进意见。

3. 模型实施成效

通过对"员工—客户—利润链"模型的实施，西尔斯的业绩取得了很大的改善，特别是在五金、家电和汽车配件的销售和服务方面继续保持优势。虽然全美零售业消费者满意指数连续几年下降，但西尔斯在 1997 年的顾客满意度和员工满意度却都获得了 4% 的增长，这使西尔斯当年获得了 2 亿美元的收益增长。西尔斯管理层认为这些额外收益的增长是由员工态度和顾客满意的改善所创造出来的。

二、案例解读

西尔斯（Sears Roebuck and Co.）是美国历史最长、规模最大的零售连锁企业之一。20世纪80年代以来，西尔斯面临着沃尔玛等其他强劲对手在零售业中的激烈竞争。在20世纪90年代中期，为了扭转1992年以来的不利局面，西尔斯新的高层管理者痛定思痛，决定借助服务利润链理论的思想，进行公司经营理念和企业文化的转变，对公司的各项业务进行了整合，使企业注意力重新聚集到商品销售上。西尔斯提出了以顾客为中心、节约成本的发展战略。为使企业聚焦到以顾客为中心的经营模式上，公司领导层成立了5个工作小组，它们在扭转西尔斯不利局面的过程中起到重要作用。

1.5个工作组的作用

这5个工作组所起到的作用主要是它们分别在客户、员工、财务表现、价值等方面推动公司改革，同时设计了跟踪和测评员工态度、顾客满意、财务表现及其关系的管理测评系统。客户工作组追踪了几年前的客户调查，进行了80个客户焦点小组访谈。通过对顾客的详细调查，发现其服务未能满足顾客期望，于是通过几个工作组的调查分析，尤其是在对顾客、员工和投资者调查的基础上，各工作组定义了自己的目标并提出了相应的度量标准和方法。无论是在顾客方面，还是员工抑或是在投资者调查方面，公司都分别进行了分析，建立了今后的发展目标。这为后期建立的"员工—客户—利润链"的定量模型起到了重要作用，可以说没有先期5个工作组的调查分析工作，就不可能建立起公司的分项目标，更不可能建立起"员工—客户—利润链"的模型；没有这5个工作组，即使建立起这个模型，也是空中楼阁，基础不牢，也不切实际。

2."员工—客户—利润链"模型的推行

在任何组织中，一项新的举措的推行都需要一定的沟通机制来支撑。为在全公司推行"员工—客户—利润链"模型，西尔斯公司管理层在企业中建立了有效的沟通体系。这可以说是推行该模型的关键措施，从员工在服务传递中的角色便可见一斑，没有这种有效的沟通机制，不可能使员工意识到自己的重要性和顾客满意度对公司和自身的重要价值，正所谓没有调查就没有发言权。为顺利推行该模型，西尔斯管理层付出了很多努力。他们运用各种图表、计划并采用对话的方式帮助员工转变观念，将对其行为和业绩的测评贯彻到工作当中。这些沟通使员工对自己与企业的关系有了正确的认识和深刻理解，并对公司渐渐地产生信任感和责任感。此外，西尔斯管理层还让员工意识到让顾客满意是员工获得报酬和职位晋升的基础，从而将员工的注意力引导到服务于顾客的行为中来，使他们意识到他们自身利益与为顾客更好的服务之间是息息相关的。

详见服务接触的三元组合（图 6-1-2）。它详细说明了服务组织与员工（尤其是与顾客接触的员工）及顾客之间的三元关系。

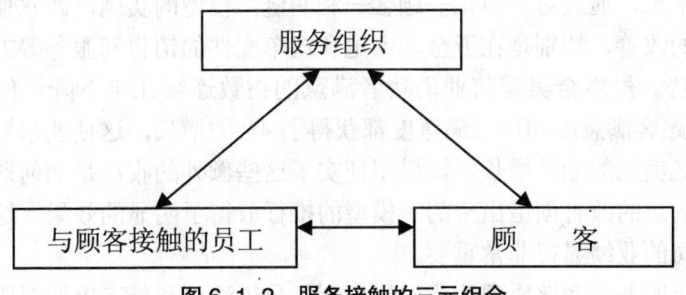

图 6-1-2　服务接触的三元组合

可以说，为了使公司聚焦到以顾客为中心的经营模式上来，西尔斯的总裁带领公司的高级行政管理人员用了两年时间，建立的员工—客户—利润链模型及所设计的追踪和测评员工态度、顾客满意、财务表现及其关系的管理测评系统，该测评系统严密得足以提供一个整体的管理信息系统，并可用作公司员工进行自我评估和自我改进的工具。同时，该模型和测评方法的建立过程也改变了经理们的思考模式和行为方法。

通过对大量调查数据的统计分析，应用偶然路径模型（aural pathway modeling），西尔斯的研究小组建立了各种测评指标之间的相关关系和因果关系。例如，模型显示，如果员工的服务态度改善 5 个单位，顾客的满意度就会增加 1.3 个单位，从而使公司的收益增长 0.5%。从这项研究中，人们很兴奋地看到员工的态度不仅对顾客服务有推动作用，而且还影响着员工的营业额以及向朋友、家人、顾客宣传西尔斯及其产品的推广作用，而培训和公司文化确实在影响公司收益的变化。当员工看到自己的工作如何影响着公司战略目标的实现时，就会激发出更大的工作热情。这项研究表明，员工对工作的满意程度和态度以及对公司的理解程度和态度是影响员工工作行为和总体满意程度的主要因素。员工对工作态度的测评是根据是否喜欢所从事的工作、成就感、归属感、工作条件、管理方式等几个问题的调查来获得的。这种测评涉及他们对公司未来的看法、对发展战略的认识、公司的发展与个人的联系等几方面的调查信息。

"员工—顾客—利润链"模型的实施，同时也改变了公司内部的领导行为和激励机制。对于高层管理人员，公司建立了长期激励机制。这种激励机制建立在财务表现以及非财务表现两者的基础上，其中 1/2 来自于员工测评，1/2 来自于顾客测评，1/2 是来自己投资的测评。在认识到非财务测评手段的重要性后，按照基于顾客满意度的改善程度，公司对各级经理的表现给予不同的激励工资。为了保证模型实施的有效性，并落实到每个当地的西尔斯商店，公司安装了电话调查系统，用随机抽样方法对顾客进行电话访问，了解顾客的满意程度，以此对各个层次的服务质量进行评价，并获得改善的意见。

几年下来，通过对"员工—顾客—利润链"模型的实施，西尔斯的业绩获得了很大的改善，特别是在五金、家电和汽车配件的销售和服务等方面继续传播它的优势。虽然全美零售业消费者满意的指数连续几年下降，但西尔斯在1997年的顾客满意度和员工满意度都获得了4%的增长，这使西尔斯当年的收益获得2亿美元的额外增长。该模型证实了这些额外的收益是如何通过员工态度和顾客满意的改善创造出来的。模型的推行取得了明显的效果，这表明管理技巧对公司的业绩显得非常重要。

最后，服务利润链原理让我们认识到，员工满意和员工忠诚对服务企业利润增长的重要意义：它是企业运作成败的根基，零售企业要将员工当作自己的客户一样去细心经营，关心员工的主导需求，探求各种双赢的激励措施，提高组织对员工的内部服务质量，以增强员工对企业的满意度和忠诚度，使之对企业有更强的安全感、归属感和责任感，而非主雇关系的短期行为，这在服务业竞争激烈的今天，具有非常重要的意义。服务利润链给我们提供了这样一个学习的理论框架，并且具有实际的可操纵性。它告诉我们的企业如何把注意力放在员工和顾客两方面，为他们提供满意的服务，从内部创造员工价值，从外部创造顾客价值，以此来驱动企业的成长和业绩，提高企业在市场的竞争力。

三、思考题

1. 西尔斯的成功给我们哪些重要的启示？
2. 若由你为西尔斯的"员工—客户—利润链"模型的实施进行具体的测评和因果变量关系验证，你会如何选择计量模型和测评变量，并如何验证变量间的关系？

案例6-2：迪斯尼公司对人员的培训与激励[①]

一、案例概览

自1983年以来，世界著名的迪斯尼公司经过艰苦卓绝的尝试，终于在1988年使每股股票股利由1984年的0.69美元上升到3.8美元。而且，迪斯尼

---

① 资料来源：http://www.51test.net/show/998170.html。

王国的规模也在不断扩大：拥有了沃尔特迪斯尼制片厂、沃尔特迪斯尼世界以及东京迪斯尼乐园。

迪斯尼公司在短短的几年间取得了如此大的成功，除了其最高主宰沃尔特迪斯尼慧眼定位的产品——"欢乐"具有特殊价值外，更重要的一点是迪斯尼公司在对人力资源的培训与激励上具有独到之处。让成千上万的游客心甘情愿付出高额代价，去享受迪斯尼的超值服务是该公司的宗旨，因此精心规划、培养训练有素的员工成为公司的首要任务。

随着迪斯尼公司兼并旅馆及其他休闲设施事业的发展，新员工来源更加广泛，这些人员有两种分配方向：计时员工和支援专业人员的员工。前者从事身着传统服饰扮演美国拓荒英雄以及各种卡通人物以吸引游客的工作，后者则可能成为担任设计师或理财专家等职务的管理者。

由于员工的需要不同，对其培训的方式也不同。为此，在20世纪60年代，沃尔特先生创办了迪斯尼大学。该大学负责研究与分析公司对员工的需要，并提出训练计划来满足这些要求。大学根据各个营业点面临的不同问题，成立了众多训练基地，针对不同的工作人员设计训练课程。例如，对卡通人物扮演者的要求，他们强调"这不是在做一项工作，而是在扮演一个角色"。对前往应聘的人，他们首先要求其做自我估价，找到适合自己的位置，之后，会放一段影片给应聘者看，详细介绍工作纪律、训练过程及服饰，然后才能进入面谈，最后再经过评选，被选中的卡通人物扮演者方能由穿着全套角色服饰的教师带领进入受训阶段。迪斯尼大学的教师大多由扮演者各相关单位指派的杰出卡通人物扮演者担当，这类杰出人选的主要工作与其他卡通人物扮演者一样，但每周有一部分时间要承担上课任务。迪斯尼大学的课程之一是8小时的新人指导课，目的是让新人了解公司的历史、哲学和对顾客的服务标准。这一时期是他们接受无形产品——"欢乐"的时候。课程之二就是让他们了解自己所要担任的角色，并学习如何扮演，训练目的是使新人更加敏锐。接下来就是老手带新手的"配对训练"，时间长短视参与的节目而定，大约是16～48小时。在这期间，新手可以向备受尊敬的优秀员工直接学习，同时培养以迪斯尼为荣的理念，以便更热情地投入工作，并努力自我要求。在完成这一部分的学习、并熟练掌握训练单上所列的项目之后，新手才能单独接待游客。迪斯尼的干部有25%是从内部提升的，为此，公司制定了"迪斯尼乐园实习办法"作为主要的人力规划手段。对新人的指导课包括密集训练和主管介绍，以使新人了解公司的产品和历史。之后再对各部门高级主管访谈，以使新人了解各部门的目标及其在组织结构中所扮演的角色，例如如何从销售或财务的角度为游客创造欢乐。最后，是参加一个正式的训练课程，了解公司策略及节目的制作过程。这些由各部门具有管理才能发展潜力的人来授课，在接受6个月的在职训练（他们每天要穿上卡通人物服饰）之后，要通过期末考试才算结业，但结业并不意味着晋升。受训目的不只是训练在职干部，更是训练储备干部，及早发掘人才。对初级管理者进行密集训练，一旦晋升到中级阶层，他们对公司的期望已经完全了解，并且具备了必要的专业技能，其后的训练就没有那么密集了。

迪斯尼的卡通人物扮演者日复一日、年复一年，天天回答同样的问题、干同样的工作，这也是重复枯燥的，而且迪斯尼将"面带微笑，服务顾客"视为宗旨，期望所有的卡通人物扮演者都遵守公司高标准的要求。因此，为使"卡通人物"每天都能设法翻出一些新花样，让游客在这里看米老鼠时会感受到神奇的滋味，迪斯尼公司提供了各种奖励措施，包括服务优良奖、同仁表扬活动、全勤奖以及服务期满10年、15年及20年的特别奖励会餐。此外，公司餐厅提供免费啤酒以助于提高士气，公司还辅助进行各种社团活动。

另外，为更好地激励员工，公司还在各类节日期间，以各种方式感谢卡通人物扮演者及其家属。例如，在圣诞节期间，园区为其开放，干部则穿上各种角色的服装，取代卡通人物扮演者的工作，向员工庆贺；迪斯尼乐园中，管理者充当售货员，贩卖汉堡包和热狗。所有活动的共同目标是：激发员工的活力、热忱、投入和荣耀，使他们能在适合自己的工作岗位上自我要求、认同公司、与管理者一起为顾客提供更好的服务。

二、案例解读

1. 迪斯尼乐园的概况

1955年7月17日，位于洛杉矶的首座迪斯尼乐园正式建成。它标志着迪斯尼公司的经营范围从纯粹的文化产品和文化产业，扩张到相关的亚文化产业——主题公园文化旅游业。这一事件被文化史学家称为影响20世纪人类的一个重大历史事件。"体验式营销"是迪斯尼乐园的生存之道，"创造欢乐"则是迪斯尼乐园的主题。迪斯尼乐园第一次把观众在电影里和卡通片里看到的虚拟世界变成了可游、可玩、可感的现实世界，正像乐园宣传时所承诺的"1955年，沃尔特·迪斯尼将为全世界各种年龄的儿童提供一种新型的娱乐。"迪斯尼乐园包括魔术王国、迪斯尼影城和伊波科中心等若干主题公园，同时，公司还提供餐饮，销售旅游纪念品，经营度假村、交通运输和其他服务行业，将米老鼠、唐老鸭、古非等动画人物和故事情节搬到迪斯尼乐园里，建造新的场景，使游客与影片中的角色和情景亲密接触，亲自体验，从中获得快乐。

迪斯尼乐园的收入是迪斯尼公司收入的主要部分，2002年占整个迪斯尼公司总利润的40%。迪斯尼乐园是基于迪斯尼动漫影片而发展为旅游、娱乐的游乐园，是迪斯尼公司的主体。它带动与乐园相关联的一系列消费服务部门，不断扩展业务，使链身部分的收入"滚雪球"似的膨胀。迪斯尼乐园之所以能在全世界站稳脚跟，与迪斯尼经典的动漫卡通形象的强大的品牌影响力是分不开的，但与此同时，迪斯尼乐园也成为迪斯尼卡通品牌形象最集中的展示和传播平台。迪斯尼乐园"一切以客户为中心"的服务体验最终发展成为公司的核心竞争力之一，而这一点就很好地体现在迪斯尼乐园的人力资源管理上。

2. 迪斯尼乐园的培训与激励机制[①]

对服务人员进行培训和开发是非常重要的，因此许多服务企业都建立了自己的培训机构。比如，有的饭店连锁机构也依托著名大学（如康奈尔大学）组建了自己的培训机构——"假日旅馆大学"。又如，麦当劳拥有著名的"汉堡包大学"。迪斯尼乐园、马什麦克里安保险经纪公司（Marsh & McLennan）、大东电报局（Cable and Wireless）也都有自己独具特色的"大学"。同样的例子还有很多。这些培训机构的任务之一就是传授特定行业所需要的技术技能。但是，企业的"学习中心"不只向员工传授技能，它更重要的任务是培训。在服务人员和顾客接触的关键时刻，隐含着很多的不确定性和难以预料的意外情况，所以还要向员工传授多种互动技巧。许多航空公司为空乘人员提供关于互动分析的培训，以帮助他们在意外情况下应对旅客的刁难和挑剔。许多服务企业还使用了角色扮演、创造性训练和模拟冲突等培训方法，他们试图向顾客传递这样的信息，即他们在设计服务提供系统时，考虑了所有可能出现的情况。

针对服务一线员工精心设计的培训课程无疑能对企业的整体绩效产生直接而深远的积极影响。许多研究表明，在服务企业中，上司要求一线员工怎样对待顾客，那么，他也应该用相同的标准去对待一线员工（Shneider，1980；Dupuy，1999）。假如企业内部实行一套行为准则和价值标准，而在与外部顾客接触时又实行另一套行为准则和价值标准工资，那么一线服务员工就必然或多或少地感到左右为难。这种模棱两可的情境将降低服务质量、工作动力和顾客满意度。所以，服务企业保持内外一致的气氛是至关重要的。而迪斯尼公司做到了，他们的上司对一线员工的尊重和态度，就如同企业所要求的一线员工对待顾客的方式。事实上，在大多数服务行业中，管理角色是最难扮演的。主管对一线员工行为的影响是不言而喻的，但是主管自己的工作常常缺乏那种与顾客直接接触所能带来的兴奋与回报。此外，近年来主管的角色又发生了很大的变化。这是迪斯尼公司的员工培训与激励的重要内容。同时，所有迪斯尼公司的员工，哪怕是只工作一周的短期工，在开始工作前都需要参加传统培训。教室里张贴

[①] 马芸莹等．跟迪斯尼学快乐管理——迪斯尼人力资源管理对国内服务业的启示 [J]．商品与质量，2011（7）：56．

了描写公司历史上伟大时刻的海报与图片（米老鼠最早的卡通形象、白雪公主、幻想曲、迪斯尼乐园的开幕），用于迪斯尼公司文化教育。

具体而言，迪斯尼公司服务的成功得益于其对员工的培训与激励机制，为使迪斯尼的员工成为快乐的员工，并为顾客提供优质的服务，通过多年的尝试，迪斯尼公司在人力资源管理方面积累了丰富的经验：

（1）招聘：选拔快乐的员工

当应聘者前来迪斯尼应聘时，公司会主动向他们发放详细列有公司雇员工作条件及所应遵守的有关规章制度的文件，以便应聘者决定是否愿意并能够在这里工作。在整个招聘过程中，公司会通过幻灯片、可视电话及面试等多种形式的沟通，传达企业文化相关内容。在面试的过程中，除了必须进行的语言考试之外，考查的一个重要的方面就是微笑，考官会留心观察候选者的面部表情。在迪斯尼公司看来，应聘者善于通过微笑表达友善并制造快乐的能力比语言更为重要。通过以上的招聘过程，迪斯尼公司能够在最大程度上保证招聘来的员工能够热爱迪斯尼乐园的工作，用微笑带给顾客快乐。从而避免招聘进来一些与迪斯尼快乐理念不相符的员工，一方面给员工带来情绪上的压力，另一方面损害公司的形象。

（2）培训：将快乐理念传递给员工

新员工进入迪斯尼乐园工作，首先要接受 Tradition（传统）、Discovery Day（探索迪士尼）和 On-work Training（岗位培训）三种培训。这些培训不仅仅局限于基本的技能教育，而是更重视精神层面的引导，注重向新员工传递公司快乐的理念，通过培训使员工真正为顾客提供优质和微笑服务。在培训期间，迪斯尼公司会按照课时付给员工工资。老师授课时也非常注重员工的参与度，并且注重学习的游戏性。这些细节保证了员工拥有快乐的心情，并且最终将这种快乐带给游客。迪斯尼的创建人沃尔特先生说："你能梦想、创造、设计与建造世界上最神奇的地方，但每一步都需要人来实现。"沃尔特抓住了公司发展的要害。迪斯尼公司在短短几十年中就取得了令人瞩目的成就，使之成为世界上家喻户晓的公司，在这非凡成功的背后是迪斯尼公司紧紧抓住了人员的录用、人员的培训、人员的培养这三环。做好人员录用工作是提高员工队伍素质的重要一环，是提高职工劳动生产率的前提，只有每个岗位上都是合格人员，才能确保每项工作的顺利完成；每个岗位上都是第一流人员，才能使每项工作达到最佳水平。迪斯尼公司让每位新人先进行自我评估，再"量体裁衣"的做法是录用到合格人选的最佳途径。在准确地了解各类人员的素质和能力之后，从工作的实际需要出发，围绕着职位的特点进行有针对性的培训是必不可少的。这种培训旨在传授个人对于行使职位、职责、推动工作方面的特别技能，偏重于专门技术知识的灌输。迪斯尼大学正是遵循这样一个规律，培养了不同层次需求的人才。

（3）沟通：疏导员工的不良情绪

迪斯尼拥有完善的正式和非正式沟通渠道，通过正式的沟通渠道，员工可以在既定的时间内分享到公司的最新消息；通过非正式沟通渠道，公司会帮助员工及时疏导不良情绪，员工也可以及时将自己的不满表达出来，从而防止员工将不良情绪带到工作当中，给顾客留下不好的印象。迪斯尼坚信，完善的内部沟通网络，是保持员工积极性的一个重要方法。

（4）激励：确保员工拥有快乐心情

迪斯尼有着灵活的激励机制，包括人性化的奖励措施、独特的感谢方式和优厚的福利，这种激励机制是迪斯尼的员工时刻用微笑迎接客人的重要保障。为使员工保持较高的工作热情，迪斯尼还创造了一个支持性的工作环境，让员工们在其中自然而然地感受到激励因素的存在。迪斯尼人性化的激励制度使得员工在工作中能够感受到组织的支持和认可，保持良好的心情，从而以更加优质的服务和快乐的心情迎接顾客，为顾客带去快乐。迪斯尼创造的一种特殊的无形产品——欢乐，其质量完全取决于每个职工。如何调动他们的积极性是至关重要的。迪斯尼主要采取的是精神激励方式，通过满足职工的社交、自尊、自我发展和自我实现的需要，在较高的层次上调动职工的工作积极性，其激励深度大、维持时间长。

3. 经验启示[①]

迪斯尼"快乐管理"的人力资源管理理念和人性化的管理措施，给我国服务业带来的启示：

（1）招聘主打，打造服务型团队。

招聘是人力资源管理的一个重要环节，有效的招聘需要做到人职匹配，使员工的能力和人格特质能够很好地与岗位相契合，从而在最大程度上保证员工能够适应所从事的工作内容、热爱工作岗位。在服务业，员工则更需要时时刻刻与顾客打交道，为顾客提供服务。这就要求服务企业招聘员工的时候应该根据岗位特征选择外向、热心、喜欢与人打交道的员工。因此，服务业企业在招聘的过程中首先应当向应聘人员说清楚岗位的要求，让应聘人员清楚地了解工作的内容。另外，在选拔过程中，服务业企业还应该注重考查员工对服务的理解，观察员工是否具有较好的服务意识、是否善于并喜欢与人沟通、是否善于通过微笑制造友好的气氛。最后，也是一个不容忽视的地方，那就是可以对员工的性格特征进行测评，以更好地实现人职匹配。

---

① 马芸莹等. 跟迪斯尼学快乐管理——迪斯尼人力资源管理对国内服务业的启示 [J]. 商品与质量，2011（7）：56.

（2）重视培训，增强员工的服务意识。

当前，国内服务业的培训主要是以技能培训为主。然而对于服务业企业来说，技能培训远远不够，企业还应该通过培训培养员工的服务意识和提高员工的服务水平。因此，在培训的过程中，国内服务业企业应当注重传达企业的服务理念和宗旨，在思想上恰当地引导员工，树立正确的服务观念。通过培训使员工真正认同公司的文化和服务理念，并将其应用到实际的工作中去。

（3）加强激励，让员工保持快乐心情。

为使员工在工作中保持一个良好的心情，进行微笑服务，企业应当对员工进行持续地激励，通过人性化的激励措施，给员工创造一个有利的环境，帮助员工保持工作热情和良好的心情。企业应当改变简单物质激励的制度，设计一些符合企业特色的精神激励政策等，实施多样化的激励机制。只有这样，员工才能以更大的热情投入到所从事的工作岗位中去，为顾客提供优质的服务，为企业带来更加丰厚的利润。

三、思考题

1. 请分析迪斯尼大学在迪斯尼发展中的作用。
2. 请分析迪斯尼乐园与深圳华侨城的营销模式。
3. 请分析迪斯尼激励员工的措施有哪些？有哪些措施是可以推广的？有没有需要弥补的？

第7章 服务设施设计与选址

服务设施是指服务包中的服务支持设施要素，它是服务企业展开服务活动和顾客消费的物质基础。服务设施设计就是对服务包中支持设施所包含要素的设计。服务设施的设计目的是为服务活动的展开和顾客消费营造一个恰当的服务场景，通过有形展示使无形服务实现有形化。所谓设施选址是指如何运用科学的方法决定设施的地理位置，使之与企业的整体经营运作系统有机结合，以便有效、经济地达到企业经营目的。它不仅关系到设施建设的投资和建设的速度，而且还在很大程度上决定了所提供的产品和服务的成本，从而影响到企业的生产管理活动和经济效益。特别是服务企业的设施选址，直接关系到营业额的多少。本章选取的两个案例"台湾亚都酒店的设计"与"麦当劳与肯德基的选址'圣经'"分别是从设施的设计与选址两个方面系统论述了服务设施设计与选址对于服务业的重要影响，对于我们深刻理解服务设施设计与选址的相关理论有重要作用。

案例7-1：台湾亚都酒店的设计[①]

一、案例概览

严长寿[②]在他的著作《总裁狮子心》中为我们讲述了这样的案例：
一个旅馆不能只有富丽堂皇的屋子，还应该营造出一种独特的"人"的味道，因此，当我（严长寿，后同）面对亚都，第一个思考的问题便是如何包装这个旅馆。

---

① 改编自：严长寿. 总裁狮子心 [M]. 台湾平安文化有限公司，2009.
② 严长寿（1947～　），出生于上海，祖籍浙江杭州，基隆高中毕业，是台湾饭店业的专业经理人。32岁应美国运通周志荣先生之邀跨入饭店观光业，成为亚都丽致饭店总裁。曾任世界杰出旅馆系统（The Leading Hotels Of The World）亚洲主席、青年总裁协会世界大会主席、圆山饭店总经理、台北灯会主任委员、中华美食推广委员会主任委员、台北旅展主任委员、观光协会会长等职。被誉为"饭店教父"的严长寿，长期关心台湾的发展，也参与多次重要规划、各类观光事务，是台湾观光旅游的领航人。

1979年12月3日是亚都大饭店正式创立开幕的日子。这30年来，不断有人问起我关于亚都的经营理念，我总是不自觉地一再想到当年亚都开幕员工培训的结训典礼上，我曾对大家引用了一位外国旅馆专家的话，"A Hotel is made by men and stone（一个旅馆是由人和石头建立起来的）"。倘若一家旅馆只有富丽堂皇的石头及屋宇结构，它只成就了一半，再好的硬件也是一半而已。

1976年，中国台湾观光市场突然成长，旅馆房间一下子供不应求，几乎有20%的旅客因为订不到旅馆而无法来观光。旅游主管部门有鉴于此，便颁布了一个奖励措施，包括有5年的免税、开放住宅区经营，同时亦有一些低利贷款的办法。亚都虽然搭上了这个便车，但是也面临了市场上有14家旅馆同时要营建开张的激烈竞争的事实。平心而论，坐落在台北市民权东路二段的亚都，在地点、环境各方面，都不算是顶尖的，我相信决胜的唯一条件，只能靠"人的管理"。

那时的台湾弥漫着一片抢市场商机的心态，大多的旅馆都是由建筑商来经营，总以为只要赶紧把旅馆盖起来，就自然能招徕顾客，所以根本不重视市场推广，也完全没有引进专家管理的观念，更没有人关注旅馆设计经营的问题。当我看到了这个问题，第一个思考的方向便是如何包装这个旅馆。

1. 争取明天的客户

我到了亚都饭店之后，发现它和十几家竞争对手比起来，地点和环境都不好。我该怎么让这家条件并不理想的旅馆，变成成功的产品？当时台湾大部分产品的规划和包装，都是模仿以前成功的例子，我却用了一个从美国运通领悟到的新观念：不要只看今天的客户，要看明天的客户。那时候到台湾住旅馆的客户大概有80%是观光型，只有20%是商务型。但是我判断台湾经济会持续成长，商务客户20%的比例一定还有成长的空间。换句话说，未来会有更多做生意的人到台湾来，然而当时却没有专为生意人准备的旅馆。此外，我也进一步试着了解世界旅馆发展的趋势，结果发现20世纪70年代世界旅馆正走向大型且综合经营的模式，当时所有旅馆经营者都开始跳脱传统旅馆只经营住宿及饮食的项目，而开始将旅馆经营成为一个城市的交谊中心，这类旅馆大都有大型的会议设备、各类餐厅，而大厅则是壮丽的廊柱、喷泉，还有大型的演奏乐队，热热闹闹的，像大都会中的小都会。经过自我的评估，我深知凭着亚都的规模与主客观环境，我们没有条件与人家比大、比豪华，于是我确定亚都必须创造出自己独特的风格。

有了这样的认识，我决定把亚都包装成专为商务人士服务的饭店。当时许多人看到经营旅馆很好，就盖一间想要争取所有顾客的旅馆；我却刚好相反，只专心经营一种特定的客人，并且仔细研究他们期待的是什么。我发现观光客人和商务客人对旅馆的期待是不一样的：观光客人往往是一整个团一起，心情很愉快，他们多半会期待一个又大又热闹的地方，最好有吃也有玩。可是商务客人却不是这样：他可能已经来过台湾30次，每次都是来验货，即使不想也还是得来，他的表情可能是愁眉苦脸的，加上远离家乡，他的心情往往也很寂寞。对商务旅客而言，他们也许一年中有一半的时间都在旅行，也有一年中大半时间都在全球各地公干，那种羁旅的落寞与空虚，所需要的是喧闹还是一种单纯的温馨？事实上，他们最希望的应该是一种回到家的感觉，而大型的旅馆因为功能多，必须兼顾团体与个人，也因此降低了可以为每一位客人提供个别服务的能力，由此我从中为亚都找到了一个开创独有风格的方向。于是我毅然决定：亚都不接待团体旅客，放弃多数的旅游观光客源，只针对那20%以洽商为旅行目的、渴望精致服务的客源。

2. 打破人与人之间的界限

我分析出商务客户需要两项东西：首先是一个"离开家的家"，因为他们离家很寂寞，我必须创造一个像"家"的环境；其次是一个"离开办公室的办公室"，比方说他在公司有帮忙打字、接电话的秘书，到了旅馆却必须一切自己动手，我必须创造一个像办公室的环境。我相信，假如能满足这两项需求，就可以推出一项成功的产品。当时我做的第一个包装，就是找一位从来没设计过旅馆的人，把亚都全部做成"非旅馆"的设计。为了带来"回家"的感觉，我在饭店的硬件规划上做了很大的突破。我看到所有台湾的饭店，尽管外观上有所不同，但一进大厅都有一个很大的柜台，客人要站在柜台前报到排队拿钥匙。我个人很不喜欢这样的感觉。柜台其实是一个很冷的设计，像一堵墙将客人与服务人员分隔在两边，形成一种对立的关系。所以我主张不设柜台，把柜台打掉了，也等于把服务的界限打开了。于是我们拆了原本设计师设计的柜台，改为在大厅铺上一块颜色沉稳华丽的地毯，并在其上安置了两张20世纪30年代风格的书桌，几把坐起来觉得舒适、轻松的座椅，当客人来到时，由接待人员引领入座，让旅途的劳顿在这儿就获得松弛，从容而泰然地办理住房登记等业务。

另外，我也希望饭店能营造出一种氛围，一种"understated elegance"，也就是所谓的"内敛的优雅气质"。这样的风格在当时很冷门，而这样的气质在当今依然缺乏。什么是炫耀的？漫天的手表、名牌的服饰，从头到脚的珠光宝气，生怕别人看不出他的身份，这就是炫耀。而什么是不炫耀的？发自内在的内敛的整体气质，散发出亲切与舒适，不给别人造成压力，而以"暖暖内含光"的气质吸引别人，这就是不炫耀的。为了以这种内敛的气质作为包装亚都的重点，我放弃了当时最流行的法国洛可可式强烈夸张、雕琢华丽的美感，也不愿意太追逐现代感，所以选择了具有典雅品味的20世纪30年代的装饰艺术Art Deco

为设计，大胆地使用灰色、枣红色、黑色与银色，这样的设计与配色在那个年代可说是绝无仅有的，但谁也没想到，在几十年后的今天，却成了"主流"的设计概念。当然，这是有形的部分，而无形的优雅气质，则要由培养员工的气质开始。没错！旅馆的从业人员是服务人员，但我一直为员工灌输一个观念，那就是：你的服务不是一个服务生在侍候高贵的人，而是一个绅士与淑女在为另一个绅士或淑女服务，有了这样的自尊，气质便会逐渐展露。其次，服务有许多种，而我们培养员工的服务气质时，特别强调的是服务于无形之中。有形的服务是不断地在客人身边叨念：您要的盘子给您拿来啦！您还要加点儿水吗？今天的菜色怎么样？要给您叫部车吗？但我们要求的是：懂得察言观色，即时反应，客人想要的东西很快地拿过来，但是又要给客人空间，没有任何压迫感，这才是真正的所谓服务于无形之中。

二、案例解读

1. 亚都酒店服务场景设计的主要依据

（1）服务组织的性质和目标

服务组织的核心服务和发展目标决定了对服务设施的基本需求和设计参数。例如，内科医生的诊室必须考虑病人的隐私需求，汽车旅馆必须有足够的停车位，饭店必须有置于大厅的服务台等。失败的设计在我们的生活中也是常见的，比如学校教学楼中的卫生间，我们经常看到女用卫生间比男用卫生间更拥挤，女生经常需要排队等候上厕所，类似的情况还出现在电影院、音乐厅等公共场所。服务设施设计除了受限于服务性质外，反过来也可有助于突出服务性质。例如，麦当劳的金色拱门（大"M"）突出了麦当劳的鲜明形象，倾斜的座椅促进了顾客的就餐速度。亚都酒店将自己定位于专为商务旅客提供服务的酒店，因此，为了让这些商务旅客有回家的感觉，酒店拆了原本设计师设计的柜台，改为在大厅铺上了一块颜色沉稳华丽的地毯，并在其上安置了两张20世纪30年代风格的书桌和几把坐起来觉得舒适、轻松的座椅，当客人来到时，由接待人员引领入座，让旅途的劳顿在这儿就获得松弛，从容而泰然地办理住房登记等业务。这是与服务组织也就是亚都酒店的性质和工作目标的自身定位密切相关的。

（2）地面和空间的限制

建筑物地面与空间的限制主要表现在三个方面：物理性限制、经济性限制和政策性限制。其中，物理性限制是指建筑物地面及空间的可获得性和可利用性。地面主要是指面积，空间主要是高度，同时还有地面与空间组成的建筑物的空间结构。一般来说，设计服务设施，我们总是希望最有效地利用服务设施的地面资源和空间。从当时亚都酒店的地理位置来看，存在一定的限制。从文中，"经过自我的评估，我深知凭着亚都的规模与主客观环境，我们没有条件与人家比大、比豪华，于是我确定亚都必须创造出自己独特的风格。"便可见一斑。

（3）美学因素

设施设计是否具有美感，是否让人感到舒适，是否与自己提供的服务定位有关（不在于豪华、高档），是很重要的。在观察到这些之后，严长寿决定把亚都包装定位成专为商务人士服务的饭店，只专心经营一种特定的客人，并且仔细研究他们期待的是什么。考虑到大型的旅馆因为功能多，必须兼顾团体与个人，因此降低了可以为每一位客人提供个别服务的能力，由此严长寿从中为亚都找到了一个开创独有风格的方向。于是他毅然决定：亚都不接待团体旅客，放弃多数的旅游观光客源，只针对那20%以洽商为旅行目的、渴望精致服务的客源。

同时，严长寿也希望饭店能营造出一种氛围，一种"understated elegance（内敛的优雅气质）"，这样的风格在当时很冷门，而这样的气质在当下依然缺乏。提倡一种发自内在的内敛的整体气质，散发出亲切与舒适，不造成别人的压力，而以"暖暖内含光"的气质吸引别人。为了以这种内敛的气质作为包装亚都的重点，严长寿放弃了当时最流行的法国洛可可式强烈夸张、雕琢华丽的美感，也不愿意太追逐现代感，所以选择了具有典雅品味20世纪30年代的装饰艺术Art Deco为设计，大胆地使用灰色、枣红色、黑色与银色，追求与服务组织服务目标密切相关的美学感受。

2. 主要策略思想

（1）个性化服务

亚都酒店只为占市场20%的商务旅客提供个性化服务。当时各酒店均进行统一的设计，有前台，对旅客也都是进行大包大揽，来者不拒，无论是商务旅客还是观光旅客均适用。而且这些酒店设计过多的追求大而豪华，同时，由于很多这样的酒店自身所占据的地理位置等因素，使之有条件做到这些。所以若想从众多的酒店中脱颖而出，无论从硬件服务设施还是管理问题等软件方面均必须走一条独特的道路，形成有独特风格的酒店。

（2）差别化竞争

在当时的市场上，抢占市场的心态很盛行，根本不重视市场推广，也完全没有引进专家管理的观念，更没有人关怀旅馆设计经营的问题。而亚都酒店不只在硬件上采取了措施，强调设计风格的不同，前台设计的与众不同，色彩格调也与当时的主流大相径庭，同时，在服务中强调有形服务的无形化，打破人与人之间的界限，减少了其他酒店中服务人员给顾客造成的巨大压力。因此，亚都不只是在硬件上实施了差别化的策略，而且在软件上也更加注重人的管理和人文关怀，如文中所言，要求服务人员：懂得察言观色，即时反应，客人想要的东西很快地拿过来，但是又要给客人空间，没有任何压迫感，这才是真正的所谓服务于无形之中。

3. 亚都酒店设计的服务证据（要素）

事实上，服务设施设计就是为服务活动的开展以及顾客的消费营造一个"服务场景"，通过"服务证据"使无形服务有形化，最终提高服务价值并赢得顾客的满意，提高服务效率并为企业赢得更多的利润。这里涉及两个基本概念：服务证据和服务场景。其中，服务证据是营造服务场景的基础。下面通过说明如何利用服务证据营造服务场景，进而从微观上说明服务设施设计的基本思想。

服务证据是服务企业可以证明其服务产品特征和价值的凭证，是顾客可以通过五官感知到服务产品特征和价值的线索，主要包括四个方面内容：服务设施、物质产品、人和过程。在亚都酒店中，体现得较为明显的有以下几点：

（1）物质产品。对酒店服务场景设计的要求主要是：一方面是离开家的家，寻找家的温馨，因为这类人士常年在外进行商务洽谈和往来，回家的时候很少，每到一个所谓新的环境，已没有心情去体验那里的生活，观赏那里的美景，因为这对于他们而言已是习以为常，不足为奇了。另一方面，他们基本都是在思考如何工作，更多的是考虑工作上的事情，怎样使工作顺利、此次洽谈得以成功。因此，他们需要在办公室中去静心思考业务，不喜欢过多地被打扰，所以这是他们的两大需求。而对于观光市场而言，观光客人更是喜欢工作之余进行放松，他们常年在家里生活，家里的温馨对于他们而言已不是那样渴望，故而，在酒店设计方面无须如同家一样温馨。此外，他们此次旅行的目的就是为了放松，他们需要更好的服务、更新的体验，而不是办公室的场景布置。因此，这是他们的两大需要。

（2）人。服务过程中活动着的人也是显然的服务证据。服务员和顾客之间的互动接触，形成了服务活动过程；服务员、顾客本人和其他顾客在一个特别设计的店堂内的互动接触，形成了一个特别的、活生生的消费氛围。顾客可以通过视觉、听觉、触觉等感官来感知由"众人"形成的服务证据和消费氛围。当然，这是有形的部分，而无形的优雅气质，则要由培养员工的气质开始。在亚都中，严长寿一直为员工灌输一个观念，那就是：你的服务不是一个服务生在侍候高贵的人，而是一个绅士与淑女在为另一个绅士或淑女服务，有了这样的自尊，气质便会逐渐展露。其次，服务有许多种，而他们在培养员工的服务气质时，特别强调的是服务于无形之中。主要是通过察言观色，即时反应，客人想要的东西很快地拿过来，但是又要给客人空间，没有任何压迫感。这是从人的因素进行的服务场景的设计来实现设计思想的。所以，亚都酒店从两个方面，即物质产品和人的气质来实现它的设计思想。

因此，服务组织需要很好地设计和管理服务证据，积极创造顾客可以感知的因素，以便使无形服务变得更易于感知、体验和记忆。对于服务设计和管理的一个基本思路就是尽力通过增加有形证据使无形服务有形化，突出服务主题，增强顾客的美好体验和记忆。因而，对服务证据的有形展示是服务证据设计和管理的核心。通过有形展示使无形服务有形化是一种积极的营销策略。

三、思考题

1. 观光市场和商务市场对酒店服务场景设计有什么不同要求？
2. 亚都酒店的服务设计给我们哪些启示？

案例 7-2：麦当劳与肯德基的选址"圣经"①

一、案例概览

地点是饭店经营的首要因素，餐饮连锁经营也是如此。连锁店的正确选址，不仅是其成功的先决条件，也是实现连锁经营标准化、简单化、专业化的前提条件和基础。

1. 麦当劳选址研究

麦当劳在我国的发展速度迅猛，如今几乎没有人不知道麦当劳。有人说，这是麦当劳的本土化策略带来的结果。确实有这方面的原因，麦当劳会根据当地人的口味适当调整自己的配方，但这只是一小部分。麦当劳最成功的地方在于选址，它只选择在适合汉堡包生存的地方开店，所以它的每个店都非常成功。

"应该说，正因为麦当劳的选址坚持通过对市场的全面资讯和对位置的评估标准的执行，才能够使开设的餐厅，无论是现在还是在将来，都能健康稳定地成长和发展。"麦当劳的工作人员表示。

以先标准后本土的思想建立的麦当劳，首先寻找适合自己定位的目标市场作为店址，再根据当地情况适当调整。在选址问题上麦当劳不惜重金、不怕浪费时间，但一般不会花巨资去开发新的市场，而是去寻找适合自己的市场；不会认为哪里都有其发展的空间，而是选择尽可能实现完全拷贝母店的店址。用

---

① 改编自：http://info.china.alibaba.com/news/detail/v5 003 000-d548 7742.html。

一个形象的比喻来说，麦当劳不会给每个人量体裁衣，需要做的只是寻找能够穿上其所产衣服的人。

连锁企业发展的标志就是规模扩张，它的前提是总部统一控制以发挥整体优势，而实现这一目标的第一步就是通过选择合适的店址，进行最大限度的拷贝，使分店更加标准化，使总部经营管理更加简单化。麦当劳连锁经营发展成功的三个首选条件是"选址、选址、选址"，它就是要选择目标市场以加快连锁经营度的步伐。

麦当劳的选址主要分为如下步骤：

首先，进行市场调查和资料信息的收集，包括人口、经济水平、消费能力、发展规模和潜力、收入水平，以及前期研究商圈的等级、发展机会和成长空间。

其次，对不同商圈中的物业进行评估，包括人流测试、顾客能力对比、可见度和方便性的考量等，以得到最佳的位置和合理选择。在了解市场价格、面积划分、工程物业配套条件及权属性质等方面的基础上进行营业额预估和财务分析，最终确定该位置是否适合开设一家麦当劳餐厅。

最后，商铺的投资是一个既有风险又能够带来较高回报的决策，所以还要更多地关注市场定位和价格水平，既考虑投资回报的水平，也注重中长期的稳定收入，这样才能较好地控制风险并达到预定的投资收益目标。

2. 肯德基选址研究

肯德基对快餐店的选址也是非常重视的，选址决策一般要经过两级审批，即要经过两个委员会的同意，一个是地方公司，另一个是总部。其选址成功率几乎是100%，这也是肯德基的核心竞争力之一。通常肯德基选址按以下几个步骤进行。

（1）商圈的划分与选择

第一，划分商圈。

肯德基计划进入某城市，就先通过有关部门或专业调查公司收集这个地区的资料。有些资料是免费的，有些资料需要花钱去买。把资料买齐了，就开始规划商圈。

商圈规划采取的是计分的方法，例如，这个地区有一个大型商场，商场营业额在1000万元算1分，5000万元算5分，有一条公交线路加多少分，有一条地铁线路加多少分，等等。这些分值标准是多年归纳出来的一个较准确的经验值。

通过打分可把商圈分成几大类，以北京为例，有市级商业型（西单、王府井等）、区级商业型、定点（目标）消费型，还有社区型，社区、商务两用型，旅游型，等等。

第二，选择商圈。

选择商圈，即确定目前重点在哪个商圈开店，主要目标是哪些。对于选择商圈的标准，一方面要考虑餐馆自身的市场定位，另一方面要考虑商圈的稳定度和成熟度。餐馆的市场定位不同，吸引的顾客群不一样，商圈的选择也就不同。例如，马兰拉面和肯德基的市场定位不同，顾客群不一样，是两个"不相交"的圆，马兰拉面的选址当然与肯德基不同。

商圈的成熟度和稳定度也非常重要。比如，城市规划新开辟了某条路，将来这里有可能成为成熟商圈，但肯德基一定要等到商圈成熟稳定后才进入。不管这家店3年以后效益会多好，对现今都没有帮助，这3年难道要亏损？肯德基每间店面投资高达几百万，当然不会冒险，而是坚持比较稳健的原则，保证开一家成功一家。

（2）聚客点的测算与选择

第一，确定商圈内最主要的聚客点位置。

例如，北京西单是很成熟的商圈，但不可能西单任何位置都是聚客点，肯定有最主要的聚集客人的位置。肯德基开店的原则是：努力争取在最聚客的地方和其附近开店。

古语说"一步差三市"。开店地址差一步就有可能差三成的买卖。这跟人流动线（人流活动的线路）有关，可能有人走到这里该拐弯，则这个地方就是客人到不了的地方，差不了一个小胡同，但生意差很多。这些在选址时都要考虑进去。

人流动线是怎么样的，在这个区域里，人们从地铁出来后是朝哪个方向走等。这些都要派人去掐表测量，有一套完整的数据之后才能据此确定地址。比如，在店门前人流量的测定，是在计划开店的地点掐表记录经过的人流，测算单位时间内多少人经过该位置。除了该位置所在人行道上的人流外，还要测道路中间的和道路对面的人流量。道路中间的只计算骑自行车的人数（驾车的不算）。是否算道路对面的人流量要看道路宽度。如果道路较窄就计算在内，如果道路宽超过一定标准（一般就是隔离带），顾客就不可能再过去消费，就不计算对面的人流量。

肯德基选址人员将采集来的人流数据输入专用的计算机软件，就可以测算出在此地投资额不能超过多少，如果不符合要求，这家店就不能开。

第二，确保人流的主要动线不会被竞争对手截住。

因为人们现在对品牌的忠诚度还没达到"我就吃肯德基（看见麦当劳就烦）"这种地步。一般人的想法是：只要肯德基在我跟前，我如果累了，为什么非再走一百米去吃其他快餐呢？除非这里边人特别多，找不着座位了才继续往前走。

但人流是有一个主要动线的,如果竞争对手的聚客点比肯德基的更好,那就有影响了。如果是两个一样,就无所谓。例如,北京北太平庄十字路口有一家肯德基店,如果竞争业者往西一百米再开一家西式快餐店就不妥当了,因为主要客流是从东边过来的,大量客流就被肯德基截住了,效益就不会好。

第三,聚客点选择影响商圈选择。

聚客点的选择也影响到商圈的选择。因为一个商圈是否有主要聚客点是这个商圈成熟度的重要标志。比如,北京某新兴的居民小区,居民非常多,人口素质也很高。但据调查显示,找不到该小区哪里是主要聚客点,这时就可能先不开店,当这个社区成熟了或比较成熟了的时候,知道其中某个地方确实是主要聚客点才开店。

为了规划好商圈,肯德基开发部门投入了巨大的努力。就北京肯德基公司而言,其开发部人员常年跑遍北京各个角落,对这个每年建筑和道路变化极大、当地人都易迷路的地方了如指掌。经常发生这种情况:北京肯德基公司接到某顾客电话,建议肯德基在他所在的地方设点,开发人员一听地址就能随口说出当地的商业环境特征是否适合开店。

在北京,肯德基已经根据自己的调查划分出商圈,成功开设了许多家店。肯德基、麦当劳等跨国连锁企业的选址系统开发得非常成熟,选址系统已实现IT化、软件化,目前已发展到应用地理信息系统GIS软件进行新店拓展的选址及门店网点的布局优化阶段。

二、案例解读

1. 肯德基与麦当劳的选址

餐饮连锁店的正确选址,不仅是成功的先决条件,也是实现连锁经营标准化、简单化、专业化的前提条件和基础。选址对于快餐业来说是非常重要的,地点选的正确与否,直接影响今后的盈利。

(1)肯德基的选址

肯德基先是划分商圈,这就需要收集所要进入的某个城市的资料,既可以通过当地的有关部门也可以通过专门的调查公司。在划分商圈后需要对商圈进行规划,所采用的方法是计分法,比如说这个商圈有一个大型商场,营业额在1000万算一分,2000万算两分,娱乐场所加几分,车站加几分,这些分值标准是多年来归纳出来的一个较准确的经验值。然后肯德基根据自身的市场定位以及充分考虑商圈的成熟度和稳定度后对商圈进行选择,最后通过对聚客点的测算与选择确定地址。肯德基在选址上主要采取的是跟进策略,因为其与麦当劳的市场定位相似,顾客群体也基本重合,所以在商圈选择上也基本是一样的。

我们往往可以看到，一条街的两边，一边是麦当劳，另一边则是肯德基。一般情况下，肯德基的店面都会选在交通发达地段，这样便于顾客出入，而且其店面附近往往有商场或娱乐场所等许多聚集人群之处，其中最典型的就是大城市的火车站里都会有肯德基的店。这样能够保证每天的顾客数量，保证营业额。[①]

肯德基的选址决策一般是地方公司和总部两级审批制，其选址成功率几乎是百分之百，肯德基的选址策略是肯德基的核心竞争力之一。通常肯德基按分析和划分商圈、选择商圈、测算聚客点、测算人流几个步骤进行选址：

第一，分析和划分商圈以及商圈的确定对于餐饮业的选址有着决定性的作用。选择好的商圈意味着成功了一大半。肯德基在发展过程中形成了一整套系统的商圈确定方法：首先是收集分析资料，肯德基计划开店前，必须会对候选地址周围的人口数量、消费水平、消费习惯、市场状况等方面进行一个详细的了解，这个工作一般由专业调查公司完成；其次是分析商圈，根据收集的资料，肯德基对商圈规划采取的是计分的方法，这些分值标准是多年平均下来的一个较准确经验值；最后是划分商圈，通过打分把商圈分成好几大类，区级商业型商圈，市级商业型商圈，定点（目标）消费型商圈，还有社区型，社、商务两用型，旅游型等。

第二，选择商圈。餐饮企业选择商圈其前提是选择一个适合自己的商圈，在商圈选择的标准上，一方面要考虑餐馆自身的市场定位，另一方面要考虑商圈的稳定度和成熟度。餐馆的市场定位不同，吸引的顾客群不一样，商圈的选择也就不同。肯德基把自己定位于国际化标准的连锁餐厅，餐厅的消费水平比一般的餐饮店要高。因此区域的经济状况及人们的消费水平成为肯德基选择商圈时考虑的重点。肯德基非常重视商圈的成熟度和稳定度，一般会选择成熟稳定的商圈。

第三，聚客点的测算与选择。在商圈确定以后，整个选址过程远没有结束，还需要确定这个商圈内最主要的聚客点在哪儿。肯德基通过对聚客点的研究、竞争对手对聚客点的影响，以及聚客点对商圈的影响来选择聚客点。一个成熟的商圈不可能任何位置都是聚客点，肯定有最主要的聚集客人的位置。肯德基开店的原则是：努力争取在最聚客的地方和其附近开店。这跟人流活动的线路有关，肯德基会在计划开店的地方掐表大致测量经过的人流，除了该位置所在人行道上的人流外，还要测马路中间的和马路对面的人流量，是否计算马路对面的人流量要看马路宽度，路较窄就算，路宽超过一定标准，形成了消费隔离带，顾客不可能再过去消费，就不算对面的人流量。肯德基选址人员将采集来的人流数据输入专用的计算机软件，就可以测算出聚客点，进而得出在此地的

[①] 魏迪等. 肯德基在中国成功的营销策略分析[J]. 现代商业，2009（4）：91.

最高投资额。肯德基在选址时也考虑竞争对手对于人流线的影响，由于人们现在对品牌的忠诚度还没到只专注于某一品牌而排斥其他品牌的地步，因此只要有合适的餐厅出现在顾客眼前，就不会再走更远距离去寻找其他的餐厅，他会采取就近原则。但人流是有一个主要动线的，如果竞争对手比肯德基选址更好，对肯德基的开店效益产生影响，一般肯德基会尽量避免把这些地方看作聚客点。

第四，聚客点的选择也影响到商圈的选择。因为一个商圈有没有主要聚客点是这个商圈成熟度的重要标志。没有聚客点的商圈就不是一个成熟的商圈，是不适合肯德基开店的。总体看来，肯德基的选址有以下特点：开店地址一般选在城市的商业中心，紧挨大型商场，目的是能够更好地面向消费群体，避开中式快餐的竞争；努力争取在聚客点或附近开店；选址时考虑人流会不会被竞争对手截流。肯德基选址上还有一个跟进策略，由于肯德基与麦当劳市场定位相似，顾客群基本上重合，所以我们经常看到一条街道一边是麦当劳，一边是肯德基。因为麦当劳在选择店址前已做过大量细致的市场调查，挨着它开店不仅可省去考察场地的时间和精力，还可以节省许多选址成本。当然肯德基除了跟进策略外，它自己对店址的选择也很有优秀之处值得借鉴。[①]

（2）麦当劳选址

第一，选址原则[②]。①针对目标消费群。麦当劳的目标消费群是年轻人、儿童和家庭成员。所以在布点上，一是选择人潮涌动的地方，二是在年轻人和儿童经常光顾的地方布点。②着眼于今天和明天。麦当劳布点的一大原则是一定二十年不变。所以对每个点的开与否，都通过三个月到六个月的考察，再作决策评估。重点考察是否与城市规划发展相符合，是否会出现市政动迁和周围人口动迁，是否会进入城市规划中的红线范围。只有有发展前途的商街和商圈、新辟的学院区、住宅区，才是布点考虑的地区。③心理战术。在黄金地段、黄金市口，业主要价很高的情况下，麦当劳不急于求成，而是先发展其他地方的布点。通过别的网点的成功，让"高价"路段的房产业主意识到麦当劳的引进对自身的益处从而重新谈价、布点。④优势互动。麦当劳开"店中店"选择的"东家"，不少是品牌信誉度较高的，如新安广场、津汇广场等。因为知名百货店能为麦当劳带来客源，同时麦当劳又吸引年轻人逛商店，这样可以起到优势互补的作用。

第二，麦当劳选址步骤。①市场调查和资料信息收集。麦当劳往往在计划进入某城市之前，一定是先要通过有关部门或专业调查公司收集这个地区的资料，包括人口、经济水平、消费能力、发展规模和潜力、收入水平以及前

---

① 龚涛. 肯德基中国市场竞争战略研究[D]. 中山大学，2008：24。
② 改自：资料部　麦当劳的选址方法，职业餐饮网，2010-6-28。

期研究商圈的等级和发展机会及成长空间等。这是麦当劳进行选址的前提条件。②对不同商圈中的物业进行评估，包括人流测试、顾客能力对比、可见度和方便性的考量等几个方面，以确定最佳的位置并进行合理选择。同时，麦当劳在了解市场价格、面积划分、工程物业配套条件及权属性质等方面的基础上，还进行营业额预估和财务分析，最终确定该位置是否适合开设一家麦当劳餐厅。③投资回报与风险评估。众所周知，商铺的投资是一个既有风险、又能够带来较高回报的决策，这就需要更多地关注市场定位和价格水平。既考虑投资回报的水平，也注重中长期的稳定收入，这样才能较好地控制风险，达到投资收益的目的。

2. 肯德基与麦当劳位置毗邻的原因

无论是繁华的商业区还是幽静的居民区，麦当劳与肯德基总是形影不离，像是一对热恋中的情人。麦当劳与肯德基作为全球最大的两家连锁快餐店，为什么都要把分店开到对方的门口，而不是选择另外一个人口聚集区呢。这看上去很不合理，但实际上却体现了商家的高明之处，这种现象的背后隐藏着经济学的道理。①一个解释是：假设麦当劳在某一地点开了一家连锁，为了让消费者知道，麦当劳需要一定的费用做宣传。当大家都知道这个地方可以吃到美味可口的麦当劳时，肯德基可以在它的附近开一家店，因为麦当劳和肯德基基本上可以完全替代，二者的顾客群体也都差不多，所以当顾客去麦当劳饱餐一顿后，出了门口就会看到这个地方还有一家肯德基店，心想下次就去吃肯德基。因此肯德基不用花任何费用做宣传就能让顾客知道这里还有家肯德基。这就是麦当劳对肯德基的正的外部效应。另一个解释是：麦当劳和肯德基作为两家全球最大的快餐连锁，不排除二者有合谋行为的可能。合谋本身是一种"囚徒困境"②，双方都有背叛的动机。但如果双方紧挨在一起，会减少背叛的可能，因为如果有一方背叛，另一方马上会知道，会采取同样的策略对其进行惩罚。经济学为我们提供了解释事物的工具，使我们能透过现象看到事物的本质。

3. 肯德基和麦当劳的选址的成功启示

肯德基和麦当劳的选址是非常成功的，而且也在社会及市场上得到了充分的验证和认可。二者的选址具有科学性和合理性，其方法非常值得业内同行学习。但是二者选址也有其特殊性，它们均是西餐，还是快餐系列，比较适宜在快节奏的生活中人们的生活方式。而依据中国东方的用餐习惯，如果不是时间的问题，人们更愿意找到一个比较安静的环境，只要饮食的质量同样很高，符合中国人的口味，人们同样会选择。因此，我们说，二者的选址方法和考量的

---

① 于立帅. 麦当劳与肯德基相邻而居经济学分析[J]. 合作经济与科技，2006（8）：41.
② 于立帅. 麦当劳与肯德基相邻而居经济学分析[J]. 合作经济与科技，2006（8）：41.

周密性非常值得业内学习,但是如果说绝对化这个问题,不仅不会取得好的效果,相反会遇到严重的挫折。

应该说,二者都是非常成功的。但是也有人认为,选址作为企业的一种内部制度,在肯德基和麦当劳中也存在着较多的差异。在新地址的选择中,肯德基实行两级审批制,由总部与地方共同对新店地址进行评估和选择,以保证其科学性,并且要综合考虑周围的商业圈、客流量、距市中心远近程度、顾客群体等各种各样的因素,因此在店址选择中,肯德基不仅效率高,而且做到了科学合理。而其对手麦当劳,在选址地点方面有较多的盲目性,有的地方过于冷清,有的地方店面过于密集。在效率方面,麦当劳的审批机制相对冗杂,降低了效率却也没有增加其合理性,这样就大大影响了其在华店面的运作效率,更影响其业绩发展。为了更加贴近中国市场,肯德基将其亚洲区的总部设立在中国上海,这样肯德基的决策部门可以针对中国市场的变化迅速做出反应,以提高其运营效率。相对而言,麦当劳的亚洲区总部设立在中国香港,而较多的管理层和反馈层在中国内地市场上。[1]这样对于在中国业务的相关决策方面,其有效性与反应的灵敏性方面就与肯德基有一定差距了。

三、思考题

1. 业内曾经流传这样一种"傍大款"的说法:"选址跟着麦当劳、肯德基走,肯定没错!"你怎么看待这种观点?
2. 请用所学的定量方法解析麦当劳和肯德基的选址方法。

---

[1] 苏春静,袁甄. 肯德基与麦当劳差异分析 [J]. 网络财富,2010(6):86.

第 8 章 排队管理

当服务生产能力与服务需求无法一致或平衡两者的成本过高时,企业必须采用顾客等待和排队策略。现实生活中的排队等待以多种形式存在,如高速公路收费站的司机等待缴费、医院里的病人等待就诊、超市里的顾客等待结账、银行里的人群等待金融服务等。本章侧重于从银行和超市两大服务场所进行分析,选取的两个案例是"深圳银行如何应对排队难"和"家乐福:收银排队解决方案的创新",这两个案例深刻地反映了服务业排队管理的重要性,对于我们理解和把握服务业排队管理的相关内容有重要意义。

案例 8-1:深圳银行如何应对排队难[①]

一、案例概览

不排不知道,一排吓一跳。某位记者在某银行的景田支行领取补办的银行卡时,历时 1 小时 10 分钟。

该记者在中午 12 点 45 分来到这家支行,因为之前已将弄丢的银行卡办了挂失,现在可以取到新补的卡了。该记者取的票号是"C205",小票上显示"前面还有 45 个人在等候办理"(该记者前一日曾来过一次,当时小票显示"前面有 67 个人等候办理",遂放弃),考虑到前面应有拿了票但走了的客户,实际人数会少些(后统计排在前面办理业务的不到 20 人),便耐心地在营业厅里等待唤号。

记者发现,取号机把客户分成三类,高端的理财金客户取以"A"开头的号码,中端的 VIP 客户取以"B"开头的号码,而数量最多的普通客户要取以"C"开头的号码。由于是午休时间,营业厅里还算清静一点,在午餐及上班时间,这个营业厅相当拥挤喧哗。但此时开放的窗口也少,仅三个。其中一个窗

[①] 资料来源:周茹.深圳银行如何应对排队难[N].深圳晚报,2007-04-24.

口是贵宾窗口，只针对A类客户，来办理业务的A类客户很少，所以这个窗口也会呼叫B类客户，而另外两个窗口主要是为C类客户办理业务，其中一个窗口在40分钟左右的时间里，一直在为一对老夫妇和一名年轻男子办理业务，也不知道是什么业务这么费时。而另外一个窗口，后来随着B类客户稍微多起来，竟也暂时不为普通的C类客户服务了，根据该记者的计算，大概十多分钟的时间里，C类客户成了"被遗忘的角落"。

13时35分，营业厅里越来越多的人脸上呈现出焦急的表情，他们至少都等了40分钟。不过大家仍显得很有礼貌。13时45分左右，一位女士在窗口前叹道"我都排了一个小时了，还办不了啊"，她的业务被告知无法办理，一个小时的队白排了。13时55分，经过1小时10分钟的等待后，该记者终于被叫到窗口。"早上我们上班时，银行还没上班；傍晚我们下班前，银行就下班了。大家都抢在中午去银行，自然要排队了。"市民丁小姐反映道。去银行就得做好排队的准备，这已成为深圳人的共识。

针对长期反映强烈的排队之痛，工行上海分行提出了"等待不超过30分钟"的承诺，当地其他7家银行同时公布了整改措施。2007年4月22日中国银行副行长朱民表示："中行已拿出100亿元来解决银行IT网络问题。"工行和交行也对外表示将以新增网点、投放ATM机等方式缓解排队严重的现象。深圳的银行是否会跟进？怎样才能从根本上解决排长龙的难题？

1. 工行深圳分行：新增2~3家便利型网点

工行上海分行称调整后客户办理业务的等待时间将不超过30分钟。在深圳能否实现呢？工行深圳分行透露，该行也正在推进相关工作，力争让客户办理业务的时间缩短到半小时以内。工行深圳分行将以缓解特区外网点的排队难为切入点。2006年，该行先后在横岗街道办六约工业区及龙华大浪工业区片区设立了两家以自助设备为主的便利型网点。网点中配置大量的自助设备，24小时为客户提供取款、存款、汇款、查询、转账等便捷服务。客户的基本交易全部由自助设备完成。但同时，网点也设立了少量的人工窗口，目的是为客户办理开户、挂失等必须人工受理的业务。如果有需求复杂的业务，工作人员将引导他们去附近功能齐全的综合型网点。

2. 农行深圳分行：网银免收开户费及转账手续费

"农业银行的网络网点优势吸引了大量外来劳务工，所以农行的排队现象主要集中在劳务工密集的特区外网点。"农行深圳分行办公室张先生告诉记者，为缓解排队问题，这几年在充实网点人员和自助设备方面投入了很多。2006年投放的自助设备就超过了300台。2007年，农行大力推广网上银行业务。为了鼓励市民使用网上银行，农行在网银推广期免收客户的开户费、年费和转账汇款的手续费。至于备受关注的网银安全问题，张先生表示："我们的网上银行使用了 128 位 SSL 加密、证书认证、图形密码键盘等手段，可以确保资金安全。"

3. 中行深圳分行：采用现代化手段

"客户排长队，抱怨连连，银行压力也很大。眼下，最有效的方法是用低成本、高科技的现代化手段来解决市民排长队问题。"中行深圳分行相关人士表示，中行正在升级自助终端的前端程序。这一程序在部分网点试用成功后，将会尽快在全行范围内推广，这将缓解排队难题。新功能实现后，客户持中行借记卡直接在自助设备的屏幕上点选深圳同城的其他银行，输入转入账户户名和金额，再输入借记卡取款密码，就可以轻松完成跨行转账业务。这个程序还可以支持客户办理指定账户的转账和汇款交易。此外，考虑到特区外银行网点比较欠缺的现状，中行正考虑将在特区外投入更多的自助服务终端，以满足市民的需要。

4. 建行深圳分行：九成业务自助办理

建行深圳分行相关负责人庄先生告诉记者，除了停车滞纳金费用缴纳等极个别业务要到柜台办理外，该行九成以上业务都可自助办理。其中包括缴纳交通罚款、缴纳学费、缴纳水电煤气物业管理费、给父母定期汇款、活期转存定期等。该行将进一步加大宣传，引导客户使用自助设备。"为了资金安全，不少市民都把工资存折和缴费存折区分开。然后每个月到银行取出工资，再存入缴费存折。"庄先生提醒市民，只要付款账号是建行的银行卡，就可以通过 ATM 转账，也可以通过电话银行、网上银行来进行。如果金额在 5000 元以上，则需要和银行签一次约。如果是跨行转账，则不论金额多少均要和银行签约，然后就可通过上述途径自助转账。

5. 交行深圳分行：新增一成一线人手

"今年我们将新增 10%以上的员工，他们基本上都会投入到业务一线。这是解决排队问题最直接有效的方法。"交通银行深圳分行表示，该行将在业务量高峰时段（如中午吃饭时间）和业务量高峰工作日（如基金、国债发售时期），对人员进行弹性调配，适当增派人员支持排队现象严重的网点。与此同时，银行方面还要求大堂经理主动指导客户、缩短柜员办理业务的时间。此外，该行 2007 年还新增 80 余台自助存取款机、多功能自助交易平台（如交银自助通等自助机具），引导客户使用自助机具和网上银行。

6. 民生银行深圳分行：应放开代收费服务

尽管在民生银行、深圳发展银行等商业银行，排队现象并不突出，但其负责人也就排队问题发表了自己的看法。2007 年 4 月 18 日，央行呼吁各家商业银行使用小额批量支付系统，这对解决排队难的问题应该很有效果。一家股份制商业银行市场营销部负责人告诉记者，水、电、煤气等公共事业单位都会选择一家银行代收费,市民需要去不同银行缴纳不同费用。使用小额批量支付系统后,这类一直由国有银行把持着的代收费服务就放开了,市民可以选择任何一家银行把费用全部缴清,排长龙的现象自然就减少了。至于可否增开夜市银行的问题,"我们曾在2003年开过夜市银行,投入很高,效果一般。"民生银行深圳分行人士说,当时该行在全市挑了8家网点作为尝试,服务时间延续到晚上9点,但客户很少,"这可能跟我们银行中高端为主的客户结构有关系。"该人士认为,排队问题比较集中的国有银行,可以在衡量成本和确保安全的前提下,适当延长营业时间。

在采访过程中,业内人士均表示希望市民养成使用自助设备的习惯。建设银行的邓小姐说,曾经参观过国外的银行网点,里面只设了少量窗口,没人排队。客户进了银行后,很自然地找自助服务设备办理业务。银行方面建议,市民可通过自动取款机、存取款机、多媒体自助服务终端、客服电话、网络银行等多种途径,24小时不间断地取现金、存现金、转账、查询、修改密码、补打存折、自助汇款,可免受排队之苦。

二、案例解读

"排队等待"(Waiting-in-line)是人们接受服务过程当中所经历的一个特有现象,它在我们的生活当中经常出现,非常普遍,几乎不可避免。每个人都或多或少地经历过排队等待,如超市购物后排队等待结账,到银行排队等待取钱,到发廊时等待理发等等。尤其是到银行排队成为人们议论的焦点性议题,造成这一问题的原因是多方面的。

1. 我国银行排队问题产生的原因[①]

(1)我国银行承担了大量的社会责任

关于银行排队问题产生的原因众说纷纭,均有一定的道理。但最基本的原因是,我国银行业社会责任的增加和业务的扩展。具体而言,随着经济的迅猛发展和金融市场的日益繁荣,银行办理的业务种类增多,除一般的存取款业务外,这几年代理的保险、基金等和银行推出非储蓄类理财的中间业务越来越多,造成了客户的激增。这是造成银行排队现象的基本原因。另外,还与我国私营和个体经济蓬勃发展密切相关,它们为减少或逃避国家的税收和国家对单位账户的管理,长期通过个人账户或现金进行交易,造成排队等候的时间延长。

(2)柜员与业务流程设置不合理

不合理主要表现在柜员设置不合理与业务流程机械化上,这可以说是银行软件系统方面的问题。第一,银行对外统称为综合柜员,事实上其内部有明确

---

① 改自:甄红线. 透视银行排队现象[J]. 区域金融研究,2011(1):55.

的业务分工。对简单与复杂的业务不加以区分,虽然迎合了内部制度流程的需要,却忽视了客户对快捷服务的要求。第二,依托信息技术平台的业务处理系统和现实中人性化的客户要求之间存在矛盾。员工面对严格的内控制度难以灵活掌握,客户由于不了解银行的业务流程和操作程序而产生不满情绪也就难以避免。

(3) 服务意识和手段滞后之间的张力

第一,银行柜面大量使用合同柜员。这些员工由于身份不确定以及总、分行对使用合同柜员的严格限制,使得这些员工流动频繁,责任心不强,业务不够熟练。此外,银行系统升级快、业务复杂、工作量增加以及担心工作差错等因素,导致银行办理业务速度慢。第二,长期以来,各银行的普遍理念是依据贡献对客户区别对待。大部分网点为争取大客户都设有贵宾窗口,客观上挤占了面向大众的服务窗口,导致普通客户窗口排长队。第三,对排队问题的关注不够。近年来各银行大力发展为其带来巨大利润的中间业务,所以银行将大量的资源投入到为大户服务和中间业务方面,对普通客户排长队办理业务的现象关注不够,所谓的"差异化服务"严重。

(4) 缺乏有效的柜面引导

经理人员的配备问题也不容忽视。不少银行网点要么未配备大堂经理,要么虽配备大堂经理,过于形式化,工作的主动性积极性不够,业务不熟悉现象也时有发生,故而在有效地引导和分流客户使用自助设备方面的作用未得到充分发挥,难以应付集中问询的压力,使推广好几年的综合网点核心竞争力项目运营不甚理想。

(5) 营业时间不足或安排问题

这主要涉及两个问题:第一,守押社会化实行之后,接、送款时间不是提前就是推后,日均减少营业时间近1小时。针对个别业务,银行实行的是双休日休息制度,形成周一和周五的客流高峰。第二,人员休息时间安排科学性问题。各银行网点普遍中午安排柜面服务人员午餐休息,大多只留1~2个窗口值班,而午休时间又往往是客户到银行办理个人业务比较集中的时间,客观上造成了这个时间段排长队现象的发生。

(6) 自助设备分流服务的缺位问题

调查显示,对于在柜台和自助设备上均可完成的业务,60%的客户反映更愿意到柜台办理。原因是:第一,自助设备信息量有限,不能满足客户通过沟通获得更多的产品信息的要求,并且当日取现的额度受到限制。第二,客户对自助设备的接受程度和熟练程度不同,对电子设备的安全也存在诸多顾虑,使得部分客户,尤其是年长客户不愿选择自助设备。第三,银行服务本身的问题,很多银行网点在自助设备区的宣传指引作用没能有效发挥。

2.各家银行采取普遍性的措施

据美国的有关资料估计,美国人每年要花370亿小时等待,平均每人150小时。几乎没有人喜欢等待,等待意味着时间的浪费和效率的低下,也不可避免地使人感到烦躁和沮丧。消费者等待的时间越长,他们就越不满意。随着产品同质化的趋势越来越明显,服务越来越成为让消费者满意、获取消费者忠诚的筹码,而减少消费者的等待时间,有效管理排队现象,正是提高服务质量的重要一环。案例显示了各家银行都采取了措施,其中具有普遍性的措施有:

(1)网银免收开户费及转账手续费。为缓解排队问题,这几年各银行在充实网点人员和自助设备方面投入了很多。如案例所说:农行2006年一年投放的自助设备就超过了300台。2007年,农行大力推广网上银行业务。为了鼓励市民使用网上银行,农行在网银推广期免收客户的开户费、年费和转账汇款的手续费。

(2)采用现代化手段。中行深圳分行相关人士表示,要"用低成本、高科技的现代化手段来解决市民排长队问题。"如案例中所述:中行正在升级自助终端的前端程序。这一程序在部分网点试用成功后,将会尽快在全行范围内推广。这将缓解排队难题。新功能实现后,客户持中行借记卡直接在自助设备的屏幕上点选深圳同城的其他银行,输入转入账户户名和金额,再输入借记卡取款密码,就可以轻松完成跨行转账业务。这个程序还可以支持客户办理指定账户的转账和汇款交易。

(3)加强自助办理业务。建行深圳分行除了停车滞纳金费用缴纳等极个别业务要到柜台办理外,其九成以上业务都可自助办理。其中包括缴纳交通罚款、缴纳学费、缴纳水电煤气物业管理费、给父母定期汇款、活期转存定期等,该行将进一步加大宣传,引导客户使用自助设备。

(4)增加一线人手。增加一线员工是解决排队问题最直接有效的方法。交通银行深圳分行表示,该行将在业务量高峰时点(如中午吃饭时间)和业务量高峰工作日(如基金、国债发售时期),对人员进行弹性调配,适当增派人员支持排队现象严重的网点。与此同时,银行方面还要求大堂经理主动指导客户、缩短柜员办理业务的时间。

(5)放开代收费服务。央行呼吁各家商业银行使用小额批量支付系统,这对解决排队难的问题应该很有效果。一家股份制商业银行市场营销部负责人告诉记者,眼下水、电、煤气等公共事业单位都会选择一家银行代收费,市民需要去不同银行缴纳不同费用。使用小额批量支付系统后,这类一直由国有银行把持着的代收费服务就放开了,市民可以选择任何一家银行把费用全部缴清,排长龙的现象自然就减少了。

3. 需要完善的措施

仅仅从现代化手段方面开始突破，不会取得很好的效果，因为任何一项新的技术，尤其是信息技术的应用过程都需要经过实践的验证，很多问题都是难以预料的。如果搞不好，不仅会影响顾客的利益，也会影响到银行的声誉等方面。另外，建行的九成业务均是通过自助银行进行办理，也不太符合当前的情况。银行业务复杂，而且自助银行的使用需要逐步推进，不是一朝一夕就可以完成的。这要从宏观上来探讨。

（1）对需求进行有效管理。第一，实施客户等待形式创新。通过对无排队机网点实施蛇形排队法，增加网点娱乐设施，播放卡通动画片，展示幽默短信卡片、理财漫画等方式，变客户的无聊等待为"有聊"等待，提高客户满意度；通过叫号机体验创新，电子跑屏的"暂停服务"时间显示，制作"如何减少等待时间"的客户宣传手册提醒客户哪些是高峰时段等方式，变无目的等待为有目的等待，让客户感觉等待时间在缩短；通过设定营业厅舒适的温度、配备舒适的座位、设立网银体验区等环境改善措施，通过专人从客户那里主动询问初步的需求信息，通过介绍其他金融产品或额外服务，减轻客户等待时的烦躁。第二，积极运用渠道分流和营业现场客户分流，发挥大堂经理、客户经理、保安、银管员的拦截分流作用。通过记录客户分流中遇到的问题，对一日三巡检的执行和分析，制订客户分流解决方案，总结网点业务特点，有针对性地设计业务窗口。在这些措施中，将会有些措施成为今后解决排队问题的主流措施。

（2）服务生产能力满足服务需求。第一，网点可以采用弹性排班制，在需求低谷期安排员工休息、培训，在高峰时段增设弹性柜员，调整午餐休息时间，以确保高峰期获得 100%的服务能力；第二，网点可以灵活使用兼职员工，例如在迎奥运期间，有些银行通过招聘在校大学生兼职做大堂经理，有效提升了营业网点英语服务能力；第三，电子排队系统增加了给网点主管传递实时信息的功能，便于及时调配人员。

4. 银行排队管理的主流措施预测

信息技术的发展为服务产品开发提供了机遇，如数据库可以提高顾客与服务组织互动的质量等。虽然在大多数情况下，顾客还必须与员工、有形资源等互动，但是在企业内部宣传和推广新技术，增加自助设备，实施网上银行和现代化的手段，将成为今后的主流措施。这是因为随着信息技术的发展，我国网民会越来越多，这促使自助设备和网上银行等现代化手段使用的大量增加。而且从国外银行的情况来看，国外自助设备的使用已比较普及，我国加入世贸组织后，国内外对接速度加快，所以，我国将会在各个方面，包括银行金融业方面有重大的突破。

（1）拓展自助渠道，加强金融创新。第一，银行的自助终端和电子银行设置应该再简单一些，提高其安全系数。为客户提供更加便捷的服务，提高全社会对电子产品的认知程度，减弱客户对柜面办理业务的依赖性。第二，完善电子支付服务功能，提高自动柜员机取款交易上限。各银行可在 2 万元的限度内根据客户需要、服务能力和安全控制水平等因素，确定本行每卡单笔和每日累计提现金额度。第三，创新支付方式。在 2009 年中国国际金融展上，中国银联推出银联新一代智能卡手机支付业务：摁摁手机功能键就能管理银行卡和缴纳公共事业费，在 POS 机前晃一晃手机就能刷卡购物。这项业务是以手机中的金融智能卡（SIM 卡或智能 SD 卡）为支付账户载体，以手机为支付信息处理终端，通过无线通信网络和非接触通信技术（NFC）进行远程和现场支付。银行卡余额查询、信用卡还款、跨行转账、公共事业费用支付等金融事务都可使用手机来完成。此项金融创新，对于提高业务离柜率，缓解网点柜面压力具有很大帮助。

（2）推广使用"第四种支付方式"。现金支付、网上支付、移动支付是支付业传统的"三驾马车"。目前，为顺应消费者固有的刷卡支付习惯，一种全新的电子支付方式已悄然而至：以拉卡拉便利支付为代表的"第四种支付方式"。"拉卡拉便利支付"是指拉卡拉和中国银联及其他电子商务企业紧密合作，通过和各大城市 24 小时便利店、超市、卖场配合，搭建起一个老百姓家门口的便利支付网络。这种支付方式主要提供两项服务：其一是让老百姓在家门口就可以完成原本要去银行排队办理的各种缴费、还款业务，例如交水、电、煤气费，给手机充值，还信用卡欠款等；其二是开创了一种全新的电子支付模式，让因为不能网上支付而与网上购物无缘的消费者能够在家门口刷卡付款，享受网络购物的乐趣。这种选择在较为接近消费者日常生活地点开办支付网点的方式，从一定程度上改变了消费者办理金融业务就要去银行网点的固有观念，可以说是一种支付渠道创新上的有益尝试，在我国目前支付体系发展仍不成熟的情况下会有一定的发展空间。[①]

三、思考题

1. 谈谈我国各地银行排队难问题的解决措施有哪些？
2. 这些银行目前采取的改善措施适合它们吗？有没有值得改进的地方？

---

① 甄红线，透视银行排队现象[J]．区域金融研究，2011（1）：58．

案例 8-2：家乐福：收银排队解决方案的创新[①]

一、案例概览

成立于 1959 年的家乐福集团是大卖场业态的首创者，是欧洲第一大零售商，世界第二大国际化零售连锁集团，业务范围遍及世界数十个国家和地区。集团以三种主要经营业态引领市场：大型超市、超市以及折扣店。此外，家乐福还在一些国家发展了便利店和会员制量贩店。2004 年集团税后销售额增至 726.68 亿欧元，员工总数超过 43 万人。2005 年，家乐福在《财富》杂志编排的全球 500 强企业中排名第 22 位。在家乐福"词典"中写道："我们的使命：我们所有的努力就是为了让顾客满意。我们的主要活动就是通过对商品及品质的选择和提供最佳价格，来满足顾客的多变需求。"家乐福除了提供消费者多样又优惠的商品选择，还提供许多贴心的服务，让消费者享受购物的乐趣与便利。

1. 创新原因

众所周知，超市不像百货店，顾客与营业员少了面对面接触的机会。因此收款台收银员的服务质量就很关键。调查显示，收银排队等待、收银态度不好和因扫描设备的问题而耽误时间是影响消费者购物情绪的主要因素。有 64.7%的顾客认为，在超市不愉快的购物经历主要由收款队伍太长引起。设置、开通多少收款台最经济合理，而又能满足顾客需求呢？调查显示，排队长度如果超过 3 人就难以容忍的顾客占 45.4%，另有 40.5%的顾客容忍的长度为 6 人。换言之，如果一个收款台的排队顾客超过 6 人时，商场不能及时采取有效措施，顾客就有可能放弃购买。因此，提高收款速度，合理安排收银台，防止收款员因过度紧张疲劳而怠慢顾客，是当前超市改进服务质量的重要环节。

2. 创新做法

作为一个全球知名的零售企业，为了减少顾客购物的收银排队时间，优化服务水平并减少收款台的压力，家乐福与德利多富公司合作进行了收银解决方案（后者为家乐福提供了 Queue Busting 系统）的创新。此方案集成家乐福现有的收银软件 CALYPSOPOS，通过技术创新，从而达到总体拥有成本最低及快速实施的目的。

3. 操作流程

（1）扫描顾客采购的商品条码。当卖场排起长队的时候，店员或者销售助理带着 PDA 手持数字终端走到排队的顾客面前。销售助理利用数字终端逐个

[①] 中国连锁经营协会编. 零售创新案例 [M]. 北京：中国商业出版社，2005：188～189.

扫描顾客采购的商品条码并为顾客把商品打包封口。(2)产生唯一性的扫描批次号码。从便携式的打印机预先打印出唯一的批次号码交给扫描打包的顾客,这张小票仅仅显示批次号码而不是显示顾客采购的详细商品信息。当销售助理在为排队顾客预先扫描商品的时候要求提供唯一的批次号码,顾客唯一的身份证号码可以作为唯一的批次号码使用。(3)客户带着唯一的批次号码和打好包的商品到收银台付款。(4)收银员在收款台扫描批次号码而不需要再次扫描商品就可以获得所有顾客采购的商品信息及价款总额。(5)从CALYPSO POS系统重新找回预先扫描的商品信息数据。销售助理用数字终端扫描的商品信息即唯一批次号码通过无线网络自动更新到CALYPSO服务器并随时可以被POS收银终端找回调用。(6)付款后,销售小票包括详细购物信息将被打印,客户完成购物并缩短购物等待时间(见图8-2-1)。

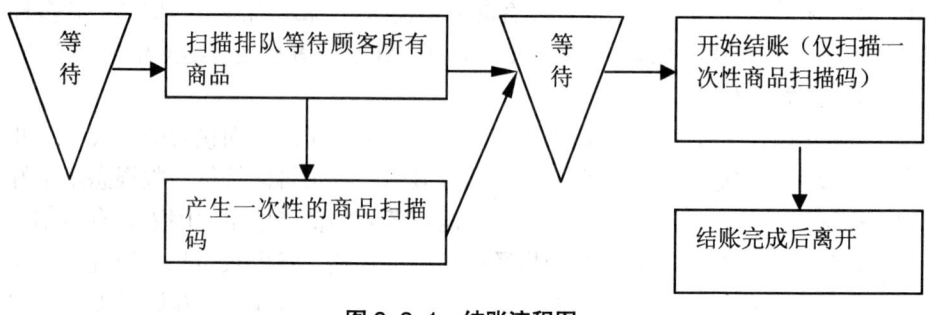

图8-2-1 结账流程图

4. 创新成果

通过实施这套系统,明显减少并缩短了客户购物结账的等候时间,从而达到顾客"开心地来,满意地回"的效果,其他多项直接或者间接的收益包括以下几点:

(1)减少重新布局收款台的时间。

(2)系统具有非常大的灵活性,包括支持店外的促销付款。

(3)因为有更灵活简单的人力配置,当出现排队现象时,任何店员都可以使用此系统去解决问题,减少能力成本。

(4)改善服务水平和购物体验。

二、案例解读

技术,尤其是信息技术,正在戏剧性地影响着我们现实生活的方方面面。比如,购物方面,我们可以在线订购,在线拍卖;银行业务方面,我们可以通过自助存取款机进行账户资金转移和账户付款，通过叫号机排队办理业务等；旅行方面，我们可以网上订购机票，不必通过实体旅行社；在医院，我们可以应用新技术进行诊疗，准确性提高；在邮局，拿美国联邦快递为例，客户函件可以实时追踪；在殡仪馆，家属可以应用登录信息系统，通过互联网将讣告发到各大报纸。

新技术在服务企业中应用的原因有：第一，巩固并扩大市场份额；第二，规避风险与降低额外成本；第三，提高应变能力以应对多变的经营环境；第四，改善内部环境；第五，提高服务质量、促进与客户的交流等。

自动化和新技术——尤其是信息技术，在使服务公司实现更高成本效益及提高服务质量方面有着巨大的潜力。然而，有许多的例子可能证明将新技术应用于现有公司的服务质量管理系统是一个循序渐进的过程。因为服务涉及社会性行为，不同的员工和消费者自身有不同的社会文化特点，所以新技术必须配合整个服务管理系统中其他部分的变化发挥作用。

家乐福采用新技术的目的，主要是提高服务质量，促进与客户的交流。在消费者排队的过程中采用新技术，如果没有这些新技术，很难解决收银排队问题。而且，在不增加人力成本的情况下，只有这种技术，才能实现如此灵活的收银排队的方案。

三、思考题

1. 请绘制家乐福新解决方案的服务蓝图。
2. 根据所学过的知识，为家乐福提供解决排队问题的新方案。

第9章 服务质量管理

服务质量管理是一个复杂的概念,它是指服务满足一定需求的全部特征和性质。对服务企业而言,质量是在服务传递过程中形成的,顾客对服务质量满意的定义是:将对服务的实际感知与对服务的期望比较,当感知与预期一致时,服务质量是令人满意的。本章的两个案例"'大树下'茶餐厅要不要改革"和"清华同方的服务质量"都涉及服务质量的管理问题,它们从不同侧面反映了良好的服务质量对服务企业生存的重要意义。

案例 9-1:"大树下"茶餐厅要不要改革[①]

一、案例概览

会议室内一片喧嚣,总经理王华陷入沉思,会议室里正在进行一场激烈的辩论,主要讨论"大树下"茶餐厅是否要实施一项改革。这个话题还要从一个星期前发生的一件事情说起。

某天中午,张先生来到"大树下"茶餐厅点了一份快餐,他是这里的熟客,就在不远的公司工作。由于中午休息的时间很短,像许多白领一样,他很珍惜中午有限的时间,想尽快吃完回去午休。不巧的是,这天餐厅的两位厨师同时请了假,而且当天中午的顾客非常多,半个多小时过去了快餐还没有上。张先生的忍耐终于到了极限,他找到了一个服务员,对他大声抱怨了几分钟,也不听解释便愤愤离去。

"是该改变的时候了!"餐厅经理顾杨说话的时候表情很严肃,咬字清晰,显然是想吸引所有与会者的注意,"其实这种事情不是第一次发生了,我经常直接或间接地听到顾客对各种服务不到位进行抱怨,我认为我们应该采取一些措施来避免类似的情形再度发生。首先要建立客户抱怨的预应机制,同时,加强

[①] 徐宁,王永贵. 经营顾客资产的艺术[M]. 天津:南开大学出版社,2007:8.

对服务员的培训，把顾客的不满情绪化解在爆发之前；另外还要改变以往餐厅招聘服务员后标准化上岗培训的做法，授予一线员工一些权利，比如说前几天张先生的那件事，我们完全可以让员工提前发现他等待已久，给予适当的解释并允许员工赠送一份冰激凌或餐前冷菜表示抱歉，等等。这样可以让服务员灵活地处理现场问题，有效地防止顾客不满情绪扩大。要知道，我们餐厅之所以能够有今天的业绩，很大程度上得益于老顾客的支持和厚爱，如果得罪更多的老顾客，我们恐怕要花更大的代价去吸引新的顾客，这样对餐厅的经营十分不利。"

"我觉得这样有点小题大做，"财务经理刘成马上反驳，"这种事情又不会天天发生，更不可能同时在一个人身上出现，顾客之所以来我们这里，是因为我们的餐厅饭菜味道可口、服务周到，而非其他的想法。另外，要改变我们公司原有的管理模式，员工们需要重新适应，也会造成大笔开支，是不是有点儿得不偿失？"

一番交锋后，大家你一言我一语地争论开来，有的人极力支持顾杨的想法，有些人则明显反对，一时间闹得会议室沸沸扬扬，吵得不可开交。总经理王华没有说话，他现在的心情复杂，似乎觉得两人说的都有道理。

二、案例解读

在服务企业经营过程中，服务失败（顾客遇到问题）是难免的。关键问题是，一旦发现了服务失败，企业应该如何来处理。企业对待服务失败的态度，也反映了企业对待服务质量的态度和对待顾客的态度，服务补救不仅能够重新赢得顾客的心，赢得一批忠诚的顾客，同时也能够增强企业的赢利能力和竞争能力。因此，服务补救常常被服务企业作为提升服务质量和赢得顾客忠诚的一种基本策略。故而案例中的"大树下"茶餐厅应当采取行动，这是不容争议的。

1. "大树下"茶餐厅采取行动的理由

服务失败后进行服务补救极为重要。一项研究结论说明，服务补救的价值很大：而在 96%未投诉的顾客中，有 25%的顾客碰到了严重问题；4%的投诉者比 96%的未投诉者更愿意与产品（或服务）供应商继续做生意；如果投诉者的问题被解决，那么其中 60%的顾客还会继续成为你的顾客；如果问题被快速有效地解决，那么其中 95%的顾客继续是你的顾客；一个不满意的顾客将会向 10~20 个其他人述说他的不愉快经历；一个顾客，在投诉问题被供应商解决后，他会把他的这段经历告诉其他 5 个人。厄尔·萨塞（W. Earl Sasser）等人也做过类似的研究[①]，得出的结论是：如果企业能够让 5%的（欲转向竞争者寻求服

---

① Robert C. Ford, Cherrill P. Heaton. 现代美国旅游饭店服务管理[M]. 长沙：湖南科学技术出版社，2003：481.

务的）顾客回心转意，公司就能提高 25%～85%的赢利能力。所有这些研究都说明了同样的一个道理：当遇到服务失败时，如果企业能够给予及时的补救，那么会给企业挽回很大的损失或带来很大的利润。

如果顾客遇到问题后，企业不进行及时补救将会有什么后果呢？总体上看，应该有三种结果：第一种是显性的，即顾客流失；第二种是隐性的，即不满意顾客的"坏口碑"到处传播；第三种，也许是最坏的一种，那就是遇到了所谓的"恐怖分子"，他不仅利用各种媒体诉说（往往添油加醋）他在某企业的不幸经历，还会和该公司打官司，甚至恶语伤人，使企业名声扫地。下面请看具有世界级服务水平和杰出员工关系的星巴克咖啡店公司在服务补救工作中的一次失败经历[1]。故事是从一位顾客花了 500 美元从星巴克的雄鹿连锁店购买了一台有毛病的卡布奇诺咖啡机开始的。他把机器退回去并换了一台新的，而且又买了一台作为礼物送给了朋友。可是，他没有得到应随机器赠送的半磅咖啡，员工的态度也非常粗鲁，这使他心里感到很不痛快。然而，更不幸的是，那台送给朋友的机器也出了毛病。于是，该顾客要求星巴克公司给他换一台当时最好的同品牌咖啡机，这比原来的那台机器贵 2000 美元。顾客威胁说，如果他的要求被拒绝，他会在《华尔街日报》上刊登整版的广告来揭发星巴克。遗憾的是，星巴克拒绝了他的要求。不久，一整版攻击星巴克的广告果然出现在《华尔街日报》上，同时该顾客通过其免费电话 800 征求了其他顾客对星巴克的抱怨。当星巴克公司向他道歉并试图更换其两台机器时，顾客表示这还不够，并向星巴克提出了更多的要求。他要求星巴克在《华尔街日报》上刊登整版广告向他道歉并感谢他的仁慈和慷慨，免费送给他价值 2000 美元的咖啡机，以及为离家出走的少年出资建立一家庇护所。自然，整个事件引起了全美国媒体的关注。

在事件发生期间，星巴克要求有关专家为其处境提供建议。所有专家都提到，星巴克员工与顾客的第一次接触对事件的后续进展是至关重要的。一名专家提出，星巴克应该在顾客来退换第一台机器时，就送他两磅咖啡，并且在一周后再打一个追踪电话以确认是否所有机器都运转正常。另一名专家建议把遇到问题的顾客列入 VIP 名单，以便将来同这些顾客有生意往来时可以引发所有警示，提醒员工和管理层要绝对小心和优先处理与这位顾客随后的交易。

星巴克公司的教训给了我们重要启示，关于"大树下"茶餐厅实施改革的问题，已不容置疑。正如文中餐厅经理顾杨所说"是该改变的时候了！"同时，

---

[1] 瓦拉瑞尔，A. 泽丝曼尔，玛丽·乔·比特纳. 服务营销[M]. 第 2 版. 北京：机械工业出版社，2002：161；Robert C. Ford, Cherrill P. Heaton. 现代美国旅游饭店服务管理[M]. 长沙：湖南科学技术出版社，2003：511.

他提到的"其实这种事情不是第一次发生了，我经常直接或间接地听到顾客对各种服务不到位进行抱怨，我认为我们应该采取一些措施来避免类似的情形再度发生。首先要建立客户抱怨的预应机制，同时，加强对服务员的培训，把顾客的不满情绪化解在爆发之前；另外还要改变以往餐厅招聘服务员后标准化上岗培训的做法，授予一线员工一些权利，这样可以让服务员灵活地处理现场问题，有效地防止顾客不满情绪扩大。我们餐厅之所以能够有今天的业绩，很大程度上得益于老顾客的支持和厚爱，如果得罪更多的老顾客，我们恐怕要花更大的代价去吸引新的顾客，这样对餐厅的经营十分不利。"这些话非常中肯地表达出了"大树下"茶餐厅改革或进行服务补救的必要性和重要性。

2. 公平合理地对待顾客的抱怨和投诉

（1）欢迎并鼓励抱怨

很多事实已经说明，真正投诉或抱怨的顾客都是愿意和你继续做生意的顾客，他们向你投诉是"瞧得起你"，愿意和你成为朋友，并愿意把他们的感觉告诉你，以便帮助你改进你的服务。而且，大多数顾客不喜欢投诉，因此，每一次投诉就变得格外珍贵，企业对待顾客投诉和抱怨的态度，应该是鼓励而不是排斥。鼓励顾客投诉或抱怨的方法有很多，如顾客意见调查、重大事件研究、丢失顾客跟踪研究等。在里兹—卡尔顿饭店，所有的员工都随时带着一种叫作"快速行动表"的服务补救表格，这样他们可以随时记录服务失误并采取相应的补救行动，同时饭店要汇总这些失误记录。这样做的好处是，通过对服务失误的调查研究可以发现一些共性原因，并基于此来改善整个服务系统或某个服务属性。如文中顾杨所说，首先要建立客户抱怨的预应机制，同时，加强对服务员的培训，把顾客的不满情绪化解在爆发之前。

（2）快速采取行动

星巴克遭遇"恐怖分子"攻击的事例说明了及时补救的重要性。我们身边的很多重大冲突都是由于开始没解决好小冲突而逐步升级造成的。冲突就像肿瘤一样，如果不及早对它采取措施，它会越长越大，直至危及生命，也许这是事情发展的共同规律。为了快速把"肿瘤"解决掉，可以采取以下两个策略。一是在一线关心问题，甚至在一线就把问题解决掉。很多在后来酿成大祸的矛盾，实际上在起初阶段只需要一个微笑或一声"对不起"就可以解决掉。二是授权员工。在服务第一线面向顾客、提供服务的是员工，而不是管理者。员工最了解情况，最能预见问题，最能把握分寸和变通规则。只要做好员工培训工作，增强员工的服务意识和责任心，使他们掌握处理矛盾的技巧，企业就可以在更高程度上放权。案例中顾杨所说的：要改变以往餐厅招聘服务员后标准化上岗培训的做法，授予一线员工一些权利，关于张先生的那件事，我们完全可以让员工提前发现他等待已久，给予适当的解释并允许员工赠送一份冰激凌或餐前冷菜表示抱歉，等等。这样可以让服务员灵活地处理现场问题，有效地防止顾客不满情绪扩大。

(3) 公平对待顾客

在投诉时，顾客尤其需要得到公平的对待。具体表现为两种公平类型：结果公平和过程公平。一是结果公平。顾客希望结果（或赔偿）能与其不满意水平相匹配，过少或过度赔偿都会使顾客感到不舒服。二是过程公平。除赔偿结果公平外，顾客还希望处理投诉或抱怨的过程公平，包括政策、程序、时限和态度等的公平。例如，处理过程要清晰、快速、简单、无争吵，相互尊重、耐心、礼貌，而不是缓慢、拖延、一大堆手续、做官样文章来糊弄人、斗嘴、相互伤害、谩骂等。

(4) 从多方面进行服务补救

在客人看来，服务失误造成的损失不仅是经济上的，还包括感情、脸面、时间和心理等，这些非经济上的损失或伤害有时是无法补偿的。例如，客人请用户或老板吃饭，服务出现失误，客人会感到非常尴尬和丢面子。对待客人经济上的损失和心理上的伤害，优秀的服务企业应该突破传统的思维方式，系统地考虑对待客人的补偿方式和补偿内容。除了经济上的补偿外，还应该包括感情、脸面和心理等方面的补偿。如果上述餐馆的客人能够向企业投诉，同时企业能够给予多方面的补偿，那么餐馆客人就不会在客户或老板面前抬不起头了。

(5) 从补救经历及失去的顾客身上学习

犯错误并不可怕，可怕的是在同一个地方不断地犯错误。中国人用"记吃不记打"来形容猪的个性，实际上很多企业也犯着同样的毛病，直至倒闭也不知道自己错在哪里。因此，从补救经历中学习，特别是从失去的顾客身上学习，是服务企业进步的重要策略。从补救经历中学习的具体做法是，首先要不断积累补救案例（如里兹—卡尔顿饭店的"快速行动表"）；然后分类整理，研究每一类的共同特点；最后考虑解决方案，最好的办法当然是从服务系统上进行"根治"，如果从系统上无法根治，那么就制订一些规范性的补救措施。从失去的顾客身上学习的具体做法是，重点关注那些能使你"有利可图"的顾客，以便提高学习的有效性。

三、思考题

1. 请举出与"大树下"茶餐厅的情况相近的一些案例并加以说明。

2. 谈谈"大树下"茶餐厅怎样才能保证改变所带来的收益能够弥补所花费的成本。

案例9-2：清华同方的服务质量[1]

一、案例概览

2000年5月7日，重庆市黄先生购买清华同方真爱2000E电脑一套，5月9日在使用时出现死机现象，立即与经销商和维修服务部进行了联系，在以后的二十多天里，维修站4次派人上门维修，清华同方电脑技术服务中心北京总部也通过电话对维修人员进行技术指导，经过仔细检查，软件系统一切正常，不存在使用不当的问题，确实存在死机现象且无法排除。6月3日，上一级分销商重庆华方公司为用户更换了同型号的电脑，但仍然出现类似的故障。于是，用户要求退货，但是经销商重庆赛达电脑经营部坚持进行维修，遂与用户产生了分歧。

在进行了几次维修无法排除故障的情况下，黄先生向清华同方电脑北京总部进行投诉，北京总部于当天致电重庆经销商，要求立即给用户办理退机手续，并将货款退给黄有为先生。

按照同方电脑的退货流程，需要在北京检测之后才能给经销商办理货款冲抵手续，存在时间差，经销商担心北京检测后如果没有确认故障，可能不办理货款冲抵，因此，重庆赛达电脑经营部坚持先给用户打一张欠条，要等北京确认之后再退给用户钱，这样黄先生退机时不能马上从经销商那里拿回货款。

黄先生在十分无奈的情况下给清华同方股份有限公司总裁写了一封信，在叙述了他的遭遇之后，说："如果你了解了我的遭遇，购电脑还会选择清华同方吗？我认为，这种退货办法是极不公平的，试问顾客能仅凭一张欠条就从商店拿走东西吗？清华同方的这种做法，显然违背了公平交易的原则，若不是亲身经历，我真难以相信在这样一个全国有名的上市公司及其销售网络中会存在这样的问题。我不但未能体会到清华同方高科技产品和服务带来工作上的方便和生活中的乐趣，反而给我在精神上和经济上增加了很大负担。"

由于气愤和焦虑，黄先生在投诉信寄出后第3天未等到回音的情况下，在7月3日下午向《重庆晚报》反映了情况，并于7月4日在《重庆晚报》"读者之音"栏目刊登出题为"退货不给钱，清华同方岂有此理"的报道，说黄先生反映清华同方电脑有质量问题，经多次维修无法解决，经销商拖延很长时间才答应退货，但在黄先生将有质量问题的电脑送到公司时，得到的答复竟是不能

---

[1] 改编自清华同方服务质量精彩案例分析，http://www.365u.com.cn/WenZhang/Detail/Article_43330.html，2005-10-28。

马上退款，要等北京厂家把货款退还给他们以后，才能将钱还给客户，并说："请问，哪有这样的道理？"

1. 同方总裁的反应

同方总裁在收到来信后（此时尚不知道《重庆晚报》即将曝光），立即做出以下批示："电脑事业部：这是一起很严重的事件，要从管理上查清制度、程序、思想上的原因，并提出解决办法。另外，要立即与客户联系，解决客户的困难，在合理的范围内给予赔偿并感谢他对我们的批评，事情查清之后向我报告，由我去向客户道歉。"

2. 同方电脑事业部的反应

同方电脑事业部接到总裁批转的投诉信后，主管客户服务的副总经理立即给黄先生打电话了解情况，转达了同方总裁对此事的关注，对用户在购买同方电脑后的一系列遭遇表示极为关注，并保证一定在3天之内查清此事，处理有关责任人，并对用户的损失进行赔偿，将问题彻底解决。

3. 黄先生的反应

黄先生对同方总部的态度表示满意，说没想到会如此迅速地反应和这么好地处理，以为这封投诉信寄出以后，还会像以前经销商的做法一样，会拖延很久，虽然他已经向新闻媒体做了反映，可能在当天的报纸上报道，但是他表示如果问题能够圆满解决，他愿意向新闻媒体表示他对此事的满意态度。

4. 同方电脑事业部对事件的处理

在从用户那里得知新闻媒体即将对此事曝光的消息之后，同方电脑事业部总经理立即给《重庆晚报》编辑部打电话，表示对这件事十分关注，感谢晚报在保护消费者权益方面所做的工作，并保证尽快处理此事，给用户和新闻媒体一个满意的答复。同方电脑事业部组成了由总经理牵头，包括主管客户服务的副总经理、市场部经理、销售渠道管理部经理、技术服务中心经理、质量管理部经理等人参加的临时处理小组，并做了如下分工：由副总经理负责对经销商的调查和处理，质量管理部经理负责对这一批电脑的质量进行追查，技术服务中心经理负责做好对用户的善后工作。

经过调查，在同方电脑事业部最近出厂的一批真爱2000E电脑中，确实存在质量隐患，主板的BIOS管理程序存在缺陷，在一般检测环境下一切正常，但在某一特定使用条件下会出现死机现象。因此，尽管维修服务站多次提供上门服务，更换主板，但由于是同一批货并且使用通用的检测手段，没有从根本上解决问题。

此外，将电脑卖给黄先生的经销商重庆赛达电脑经营部也不是清华同方的签约代理商，属于同方代理商下属的小经销商，刚开始经销同方电脑，未经过严格培训，不熟悉同方电脑对用户的承诺和服务规范。

在调查的基础上，临时小组决定立即对此事进行如下处理：

（1）立即为黄先生办理退款手续，并赔偿其损失。

（2）立即通过售后服务体系对已经购买这批电脑的用户进行联系，上门更换 BIOS 程序，如果用户有顾虑，可以为用户更换其他批次的电脑或者办理退货手续。

（3）对有关经销商进行处理，责成他们向用户道歉，挽回影响。

（4）派清华同方西南大区总经理登门拜访《重庆晚报》编辑部，代表同方总裁和电脑事业部总经理，感谢新闻媒体的监督和关心，并通报清华同方对此事的处理措施和结果。

（5）7月5日晚，清华同方总裁给黄先生打电话，对此事表示十分抱歉，感谢他对清华同方的关心和批评，并表示这件事对于同方改进工作起到了很好的促进作用，请他继续监督同方的工作。

（6）7月6日，《重庆晚报》在接到了黄先生的电话之后，在"回音壁"栏目中登出了"问题已经圆满解决，黄先生对清华同方的态度和处理结果表示满意，并对本报表示感谢"的消息。

二、案例解读

案例中，黄先生所遇到的服务质量问题主要体现在：首先，在多次维修不成黄先生极力地要求退货的过程中，导致销售方基于各种原因或考虑不情愿退货，双方发生争执，这是服务质量不理想的一个环节，如文中所说："用户要求退货，但是经销商重庆赛达电脑经营部坚持进行维修，遂与用户产生分歧。"第二个环节，就是在退货过程中，销售方基于退货的程序要求，决定给黄先生打欠条，致使黄先生对清华同方的服务质量不满程度继续升温，甚至于升级到写信给总裁和《重庆晚报》。例如，"在进行了几次维修无法排除故障的情况下，黄先生向清华同方电脑北京总部进行投诉，北京总部于当天致电重庆经销商，要求立即给用户办理退机手续，并将货款退给黄有为先生。按照同方电脑的退货流程，需要在北京检测之后才能给经销商办理货款冲抵手续，存在时间差，经销商担心北京检测后如果没有确认故障，可能不办理货款冲抵，因此，重庆赛达电脑经营部坚持先给用户打一张欠条，要等北京确认之后再退给用户钱，这样黄先生退机时不能马上从经销商那里拿回货款。"

1. 服务质量管理技巧

就本案例而言，有关服务质量管理问题，主要是黄先生的投诉处理问题。一般来说，原则有：①对顾客投诉做出快速反应；②承认错误但不要太多辩解；③表明你是从每一个顾客的观点出发认识问题的；④不要同顾客争论；⑤认同顾客的感觉；⑥给顾客怀疑的权利；⑦阐明解决问题需要的步骤；⑧让顾客了解进度；⑨考虑给顾客补偿；⑩坚持不懈地重获顾客的友善。因此，就案例黄先生所遇到的问题而言，应该采取的措施有：

（1）全面调查清华同方的服务质量

黄先生的案例是极个别的成功案例，对于广大的清华同方的客户来说，同样遇到类似的服务质量问题的机会会很大，但是并不是都得到了这样满意的解决。在这样的情况下，清华同方有必要对其服务过程进行彻底的清理，找到影响服务质量的死角，这是当前最迫切的解决措施。

（2）加强物质产品质量的研究和开发

从物质产品质量过硬方面奠定好基础，只有物质产品本身过硬，才能进一步提升服务质量的高度，提高顾客的满意度。物质产品质量是第一位的，是主导顾客满意度和服务质量的最基本的条件。试想，如果黄先生所购买的清华同方的电脑产品并没有产品质量的相关问题，如主板问题，经常出现死机现象的话，这件事情，或者说服务质量的问题就从来不曾出现过。这是较为长远的解决方案。

（3）制订持续改进计划

很多企业都有自己的持续改进质量的计划。按照戴明[①]的观点，管理者应该对全部质量的 85%负责。因此，首先应当改进产生问题的系统和过程，并在满足顾客需求的前提下，保持持续的质量改进。他的理念被概括为"14 点计划"，[②]即：①为改进产品和服务质量建立永久目标。管理者必须停止偏见，要为未来规划，期望在所有业务进行创新等；②采纳新理念；③停止依靠大量的检查；④停止仅靠价格奖励的商务活动；⑤持久地改进生产和服务系统；⑥建立岗位培训的现代方法；⑦建立现代监督方法；⑧驱走恐惧；⑨打破部门间的障碍；⑩消除为员工设置的数字目标；⑪消除工作标准和数量配额；⑫消除阻碍计时工的障碍；⑬建立强有力的教育和培训计划；⑭在最高管理层建立能够每日推行上述 13 条的结构，为在质量和生产率方面不断改进，明确确定管理的永久承诺和投入。这 14 点计划为生产和服务质量的提升奠定了坚实的基础。这些计划为服务质量的改进提供了方向标，某种意义上，这 14 点计划已经成为一种制度性规定。

（4）处理相关责任人

对相关责任人进行适当处理，只有这样才能起到必要的威慑作用，减少服

---

① 戴明（W. Edwards. Deming）：世界著名的质量管理专家。
② 詹姆斯·A. 菲茨西蒙斯，莫娜·J. 菲茨西蒙斯著. 服务管理——运营、战略和信息技术［M］. 第2版. 北京：机械工业出版社，2001:207.

务质量方面的服务态度等因素造成的影响。

2. 原理概述

事实上，在服务企业中处理顾客投诉时具有一些关键因素：一般来说，管理者若想有效地处理顾客的不满意或抱怨，需要了解抱怨行为的几个关键面，可以从如下问题开始：顾客为什么投诉？从对顾客投诉行为的研究来看，可以确认投诉的四大主要目的：第一，获得退款或赔偿。通常情况下，顾客投诉要求通过退款、赔偿和/或重新获得服务等方式弥补经济损失。第二，泄愤。一些顾客通过抱怨来重建自尊和/或发泄愤怒和挫败感。当服务过程中出现官僚主义作风且不合理，或者员工很无礼，故意威胁或明显地冷落顾客时，顾客的自尊心、自我价值或公平感会受到负面的影响。他们会很生气而感情用事。第三，帮助改善服务质量。当顾客与服务有很高的关联度时，他们会作出反馈，为改善服务质量作出努力和贡献。第四，利他主义原因。一些顾客是在利他主义思想的驱动下投诉的，他们希望其他客户不要有同样的遭遇。如果他们没能引起别人对某个问题的注意，而不纠正此问题就将给他人制造麻烦，他们可能就会感觉很糟糕。

当然，相反的情况也大量存在着，即为什么不满意的客户不投诉。美国技术调研机构（TARP Worldwide）是一家客户满意度和评估公司，它已经找到了顾客不投诉的诸多原因：顾客可能不愿意花时间写投诉信、发送电子邮件、填写表格或者打电话，尤其是当他们认为这些服务没那么重要、不值得让他们做出这样的努力时；许多顾客认为收效不确定，他们相信没有人会关心或者愿意解决他们遇到的问题；某些情况下，人们根本不知道该去哪里投诉或该怎么做；也有许多人感到投诉是件让人不舒服的事情，他们可能害怕起冲突，特别是在投诉与顾客认识的某个人有关，他们之后还要与之打交道的情况下；投诉行为也受到角色意识和社会规范的影响，顾客在认为自己处于"弱势"地位（影响或控制交易的能力）的情况下，其表达不满情绪的可能性更小——当问题与专业服务供应商如医生、律师或建筑师有关时，情况尤其如此——社会规范并不提倡顾客批评这类人，因为他们被认为是专家。[①]

（1）服务补救的重要意义

无论服务失误何时发生，人们都希望获得公平的赔偿。然而，研究表明许多顾客感到他们既没有获得公平的对待，又没有获得充分的赔偿。当此种情况发生时，他们的反应是直接的、情绪化的且持久的。史蒂芬·泰克斯（Stephen Tax）和史蒂芬·布朗（Stephen Brown）发现，在服务补救满意度中，多达85%

---

① 克里斯托弗·洛夫洛克等著．谢晓燕等译．服务营销[M]．第6版．北京：中国人民大学出版社，2010：316．

的变量是由三个维度的公平性所决定的。作出解释并努力解决问题是非常重要的。然后，补救的努力必须被认为是真实的、真诚的、礼貌的。结果公平与顾客因服务失误所遭受的损失和引起的不便有关。这不仅包括对服务失误进行补偿，还包括在服务补救过程中所花费的时间、努力。

服务补救是一个保护伞概念，公司通过系统性的努力，纠正服务失误后产生的问题，从而维护客户的良好愿望。服务补救努力在实现（或修复）顾客满意度方面发挥着举足轻重的作用。每个组织都可能发生对客户关系产生消极影响的事情。对客户而言，公司对顾客满意度和服务质量投入程度的真正考验，不是在广告中的承诺，而是在出现问题时公司的反应方式。在这方面要取得成功，就要对员工进行培训和激励。西蒙·贝尔（Simon Bell）和詹姆斯·鲁丁顿（James Luddington）发现，尽管投诉大致上会给服务人员服务顾客的态度带来消极影响，但是对服务和他们自己的工作抱有积极态度的员工更可能将投诉视为改进工作的潜在资源，从而探索出能够帮助顾客的其他方法。有效的服务补救要求采取精心策划的措施以解决问题并处理客户的不满。拥有有效的服务补救战略，对公司而言是至关重要的，因为在以下条件下所产生的哪怕一个问题都会摧毁顾客对公司的信心：第一，失败令人十分恼火（例如供应商方面明目张胆的不诚实）；第二，问题形成一种失败模式，而不是单独的事件；第三，补救措施疲软无力，使原来的问题复杂化而不是纠正问题。对于那些无效的服务补救产生的代价是背叛，风险是很高的，特别是顾客在有一系列竞争者可供选择的情况下。[1]我们可以得出这样的结论：解决投诉应当被视为盈利中心而不是成本中心。当不满意的顾客背叛时，公司损失的不仅仅是下一笔交易的价值，还可能损失从该客户那里、从更换供应商或由于从不满意的朋友那里听到有关公司的负面评论而不会与该公司发展业务的任何人那里获得的长期利润流。然而，许多组织尚未接受这样的概念，即在服务补救上的投资能够保护那些长期的利润是大有裨益的。

（2）服务补救悖论

第一，常见的服务补救错误。[2]①管理者忽略服务补救能带来巨大的经济

---

[1] 在所有受访者中，接近60%的人表示由于服务失误，他们会更换服务供应商；25%的人列举了核心服务失误；19%的人表示对员工的服务不满意；10%的人表示他们对先前的服务失误反应不满意；4%的人描述了供应商不遵守职业道德的行为。投诉的解决方案令人满意时，则顾客保持忠诚度的概率更高。研究发现在顾客对服务不满意却不抱怨的情况下，再购买不同种类产品的意愿范围在9%～37%之间。对于主要的投诉而言，如果公司同情地倾听顾客的投诉，但投诉的解决方案不能令顾客满意的话，保留率增加到9%～19%。如果投诉的解决方案令顾客满意，保留率则攀升到54%。如果问题迅速得到纠正，特别是在当场就得到纠正的情况下，保留率最高可达到82%。资料来源于克里斯托弗·洛夫洛克等著. 谢晓燕等译. 服务营销[M]. 第6版. 北京：中国人民大学出版社，2010：318.

[2] 克里斯托弗·洛夫洛克等著，谢晓燕等译. 服务营销[M]. 第6版. 北京：中国人民大学出版社，2010：319.

回报的事实。近年来,许多企业集中精力削减成本,只是空谈要保留高盈利性的顾客。此外,他们对"尊重所有顾客"的需要熟视无睹。②公司在服务失误的预防措施上投资不足。理想情况下,服务规划者在潜在的问题变成真正的问题之前就会考虑这一点。尽管预防措施不能消除必要的完善的服务补救系统,但是它们极大地减少了一线员工和服务补救系统整体上的负担。有些公司内提供顾客服务的员工不能表现出良好的态度。在服务补救过程中,最重要的三件事是:态度,态度,态度。无论服务补救系统设计得多么好,规划得多么完美,一旦一线员工没有和颜悦色,没有公认的友好态度,服务补救系统就不会起作用。③企业不为顾客投诉或反馈提供便利。尽管这方面已经有所改进,例如酒店和餐厅提供评论卡,但在向顾客宣传其简便性和价值方面所做甚少。研究表明,大量的顾客并不知道存在能够帮助他们解决问题的反馈系统。

第二,服务补救悖论。服务补救悖论认为,那些经历了服务失误但而后问题又得以圆满解决的顾客,有时比那些最初没有遇到任何问题的顾客更有可能再次购买服务。对零售银行业内的反复服务失误的研究表明,当顾客在经历第一次服务失误并得到令人完全满意的补救时,服务补救悖论成立。然而,如果第二次发生服务失误,该悖论就消失了。顾客似乎会原谅公司一次,但如果失误反复发生,他们就会失望。该项研究进一步表明,在体验一次相当好的服务补救后,顾客的期望值上升了,因此,出色的服务补救成为他们对公司解决以后的服务失误的期望标准。在这里需要指出的是,顾客对服务补救是否满意可能也取决于服务失误的严重程度和"可补救性(recoverability)"——没有人能替换损坏的婚纱照或遭到破坏的假期,也不能消除由于服务设备引起的削弱性伤害所产生的后果。在这种情况下,很难想象人们会对服务补救真正感到满意,即便是进行最专业化的服务补救。当然,最佳的策略就是一开始就做到最好。正如迈克尔·哈格罗夫(Mihael Hargrove)所说,服务补救将服务失误转变成你所希望从未有过的机会。坚持有效地执行服务补救,但失败是不能容忍的,这一点至关重要。遗憾的是,实证研究表明,大约40%~60%的顾客表示对服务补救的流程不满意。

(3)有效的服务补救原则

认识到现有客户是有价值的资产基础之后,管理者需要开发应对不满意的顾客体验的有效服务补救程序。我们将讨论如何有效地实现这一点的三条指导原则:便于顾客给出反馈、使有效的服务补救成为可能以及确定适当的赔偿标准。补救服务失误不仅需要热情地表现出解决任何问题的决心,还需要责任、规划与明确的指导方针。有效的服务补救程序应该是:①积极主动的;②有计划的;③训练有素的;④授权的。具体地说是:

第一,服务补救应该是积极主动的。服务补救需在现场积极主动地进行,理想的情况是在顾客还没有机会抱怨之前就进行补救。服务人员应该对不满的信号很敏感,并询问顾客是否遇到问题。例如,服务员可以问只吃完一半所点的菜的客人:"先生,一切都合您胃口吗?"客人可能回答说:"是的,谢谢,我不是很饿。"或者"牛排味道不错,但是我要的是半熟的;另外,味道太咸了。"后面的反馈给了服务人员进行服务补救的机会,而不是让用餐者不满意地离开餐厅,以后可能再也不会光顾。

第二,服务补救程序需要计划性。需要针对服务失误特别是为那些经常发生而又不能设计在系统之外的服务失误制订应急预案。例如,在旅行业和餐饮业中,进行收益管理通常会导致超额预订、旅客无法登机或者在事先确定了座位或预订的情况下酒店客人又不得不"走人"的情况。为了简化一线员工的任务,公司应该确认最常见的服务问题,如遇到超额预订,则应为员工开发、执行事先规定的解决方案组合。

第三,必须教授补救技巧。作为顾客,你在遇到服务失误时可能会立即感到不安,因为事情没有按照预期的情况发展。因此,你需要服务人员的帮助。但是他们愿意且能够帮助你吗?有效的培训可在一线员工中树立自信、增强能力,使顾客能够转忧为喜。

第四,补救要求授权给员工。服务补救措施应该富有弹性,应该给员工授权,让他们发挥判断力与沟通技巧,找出令抱怨的顾客满意的解决方案。这在不同寻常的服务失误中尤其如此,因为公司可能没有制订或试行可能的解决方案,所以员工需要决策的权力,花钱及时解决服务问题,以满足顾客的良好愿望。[①]

三、思考题

1. 清华同方的服务质量问题主要出现在哪一个或哪些环节上?
2. 为了避免类似的事件发生,同方电脑事业部应该采取哪些措施?
3. 请为同方经销商草拟一份致黄先生的道歉信。
4. 通过这个案例,你觉得处理顾客投诉时最关键的是什么?

[①] 克里斯托弗•洛夫洛克等著. 谢晓燕等译. 服务营销[M]. 第6版. 北京:中国人民大学出版社,2010:321.

第四篇　服务要素管理

第10章 人力资源与服务文化管理

服务企业的人力资源管理主要指对员工的管理,即员工的招募与选拔、培训与开发、激励与授权等;服务文化是指组织成员共享的一系列价值观、理念和行为规范的集合,它赋予企业成员一种信念,向企业成员提供行为准则。服务文化是一个以顾客和服务为导向的组织应具备的核心价值观和行为标准,其含义是:倡导和鼓励优质服务,努力为内部顾客和外部顾客提供优质服务,并将这种文化作为自然而然的生活方式和每个人最重要的行为标准。本章选取的两个案例"深圳航空公司的员工授权制度"和"招商银行的'葵花向阳服务文化'"恰恰是关于服务企业人力资源管理和服务文化管理两个方面的典型示范,它们能够清晰地为我们展示服务企业员工管理中的授权的重要性和服务文化管理对企业的重要意义。

案例10-1:深圳航空公司的员工授权制度

一、案例概览

在航空业中,员工与顾客的接触很多,针对突发情况和不可预料情况,服务人员必须在现场做出各种决策,以便灵活地为客户提供多样化和个性化服务,因此需要航空公司授予员工必要的现场服务决策权。

长期以来,航班延误服务一直是我国航空公司颇为棘手的问题。深圳航空公司(以下简称深航)对由于航班延误而产生投诉的大量案例进行了分析,发现很多投诉是由于请示汇报的时间过长、问题没有及时解决造成的。深航管理层意识到,若能授予一线员工现场决策权力,将有助于提高决策效率,及时对旅客提出的问题进行答复,即使出现航班不正常现象,也可能圆满解决,从而最大限度地减少投诉现象。为此,深航在员工授权方面出台了相应的管理制度。

表 10-1-1　2006 年国内航空公司航班正常情况统计表

航空公司	航班的正常率（%）	航班的不正常率（%）	旅客投诉率（%）
海南航空公司	83.9	16.1	0.002 4
山东航空股份有限公司	83.9	16.1	0.000 7
中国东方航空股份有限公司	83.2	16.8	0.002 0
上海航空股份有限公司	81.3	18.7	0.001 1
中国国际航空公司	81.3	18.7	0.002 4
四川航空股份有限公司	81.2	18.8	0.000 5
中国南方航空股份有限公司	81.0	19.0	0.002 7
厦门航空公司	76.4	23.6	0.000 9
深圳航空有限责任公司	74.8	25.2	0.000 4

资料来源：根据各航空公司官网数据整理而成。

（1）深航于 2005 年 8 月出台了《不正常航班地面服务保障规定》，提出"充分向一线人员授权"，即遇到不正常航班，员工在服务时无须请示汇报，可充分发挥自己的主观能动性，及时根据旅客的要求为其提供到位、优质的服务。

（2）深航根据民航总局航班延误处理意见，对《深航客户服务指南》进行了升级（第 3 版）。在升级后的指南中，深航明确了对 5 个方面不正常航班服务的补偿内容、标准和程序，包括：信息的传递；办理退票、变更和签转客票；食宿安排；经济补偿等，并将相应的现场处理权限授予了一线的客户服务员工。

深航充分授权给员工的策略收到了良好效果。2006 年全国 9 家航空公司航班不正常率和旅客投诉率的数据（表 10-1-1）表明，深航航班的不正常率排名最高（25.2%），但旅客投诉率最低（0.000 4%）。这与其采用员工授权策略密不可分。

二、案例解读

授权就是指上级给予下级一定的权力和责任，使下级在一定的监督下，拥有一定的自主权和行动权。授权者对受权者有指挥权和监督权，受权者对授权者负有汇报工作情况及完成任务的责任，授权意味着把为顾客服务的意愿、技能、工具和权力交给员工。尽管授权的关键是把决定顾客利益的权力交给员工，但是只是权力的给予还不够，员工需要做出这些决定的知识和工具，还要有激励措施鼓励他们做出正确决定。

1. 授权的重要意义

被授权的员工是新思想的宝贵源泉，因为他们直接和顾客接触，在服务过程中可能面对各种机会和问题，以及顾客的需求、愿望、预期和价值。被授权员工更倾向于关注问题和机会,并与他们的主管和经理分享他们的发现。被授权的员工在创造好的口碑和提高顾客保持率方面极有价值,因为企业可以期待他们以服务导向的方式快速、纯熟地提供服务,这会让顾客感到惊喜,并倾向于重复消费和传播有利于企业的口碑。因此,许多企业发现要真正做到对顾客需求及时反映,就必须授权给一线员工,使其能对顾客的需求做出灵活的反映,并在出现差错时及时进行补救。当前在服务企业中,提倡向员工授权,在一定程度上激励员工为顾客提供更卓越的服务,或者为顾客避免灾难性的损失。因为一线员工与顾客面对面接触,所以授权对服务企业更重要。研究表明,充分授权会产生更高的满意度。对许多服务而言,赋予员工更多的自由处理权力,能使他们提高现场服务的质量。授权使一线员工能够找到解决服务问题的方法,做出关于订制化服务的合理决策。

当然,授权战略的使用要因时因地而异。研究表明,当组织和组织环境中呈现以下特征时,更适合使用授权战略:即企业经营战略基于竞争差异性,提供个性化、订制化服务;与顾客建立广泛长久的关系,而不是短期交易;组织使用复杂和非常规的技术;组织环境不可预测,并且组织期望惊喜出现;为了组织和顾客的利益,现有管理者愿意让员工独立工作;员工具有强烈的在工作中获得成长和深化技能的需求,他们愿意与其他人一起工作,他们具有良好的人际沟通技能和团队技能。

2. 授权的原因

(1)为了保证工作的完成。在合适的情况下给予员工更大的自主决策权,可能会使他们在现场提供优质的服务。他们不必参考规则手册,也不必请示上级的批准。从某种意义上看,鼓励员工发挥创造性并进行自主决策,是一个很有吸引力的想法。授权一线员工去发现服务的问题,并促使他们就传递顾客化服务作出适宜的决策。

(2)在生产线这种替代方法下,管理层设计了一个相对标准化的系统,并且期望工人们能够在狭窄的规则范围内执行任务;相比之下,授权方法更能产生高度激励的员工和满意的顾客。授权是一项重要的管理原则。无论是制造业还是服务业,都需要对员工进行适当的授权。然而,对于服务业来说,由于员工直接或间接与顾客接触,而顾客的行为模式和要求又是多变的,因此,授权对服务型企业更为必要。[①]

在航空实践方面,保证乘客及时抵达目的地,并确保乘客的行李与货物完好无损,让乘客有安全感,对公司有信任感,是提升航空公司竞争力、发展壮大企业的核心工作。而要想让公司员工明白公司的意图,并把握好这些,关键

[①] 李雪松. 服务营销学[M]. 北京:清华大学出版社,2009:237~241.

在于每一名员工都能做好自己应做的工作,并具有热情和兴趣去做好它。在现代航空公司中,如果仅仅通过制定各种员工守则来教条地规范每一个员工的每一个动作,虽然能使员工都按照规定来执行自己的工作,但在很大程度上也束缚和限制了员工的主观能动性和创造性。

  对于一线服务人员来说,这一现象会更加明显。与制造业不同,航空公司中的一线销售、客舱服务人员所面对的并非异化了的机器,而是身为人的旅客和货主。不同的客户会有不同的需求,以简单的规定来规范每天应对无数不同客户的员工的行为,是很难让所有旅客都保持满意的,而且还很容易让员工产生畏首畏尾和无所适从的心理。这时候,员工在进行工作时,是根本毫无热情的,他们会躲避每一个具有特殊情况的旅客,因为他们不知道该怎样处理这样的旅客,更因为无论怎么处理这样的旅客,都可能不符合规范中的规定——即使规范中没有明确说明。在航空公司的服务管理中,假如我们改变事事都予以规范的思路,而让员工放手干,向他们授权,情况则会大不相同。

  例如,1994 年,美国大陆航空公司已经变成了一家服务水平糟糕、靠不住的航空公司,当旅客需要出行的时候,更多的时候会选择其他航空公司的班机,即使大陆航空的票价更加低廉。公司的员工和股东们对于这样一个局面十分失望,而对于公司的 CEO 贝休恩来说,在这种局面下,公司要重整旗鼓,就离不开员工,更需要全体员工特别是一线服务员工将能力与热情全部投入到振兴公司的目标中去。这时候,他做了一个惊人的决定,即废除了从前令人束缚的员工守则,转而成立了一个专门委员会,专司负责组织和重新编写新的员工指导方针。需要注意的是,这次编写的不是守则或规范,而是指导方针。它的目的是让员工们能自由自主地解决问题——让他们在碰到困难时,可以有一定的权限去处理问题,和原来的规范不同,这个方针同时强调两点:一是大方向性的授权,二是向每一个岗位的职工提供了相当具体和详细的指南。该方针详细地指出了每一个岗位的员工有什么样的权力和资格,以及如何施行。同时还提供了针对该岗位工作可能发生的各种情况的应对方案和工作一览表。这样,当面对乘客的时候,员工就明白在自己的权力范围内可以为乘客提供什么样的便利和帮助,也获得了在遇到危机的时候,可以按照某种提示去进行处理的指南,当然,指导方针中所提供的指南并不是唯一的处理答案,员工完全可以在自己的权力范围内用别的方式进行处理,只要不违反指导方针即可。

  当这一措施实施之后,管理者和员工们都惊喜地发现,当管理者退居一旁,让员工放手施为,不再对他们的工作指手画脚、百般阻挠之后,一线的员工们都很兴奋,他们很快向公司证明了他们的聪明才智和实力。当航班延误、旅客围上来的时候,再不会反应木讷地只会说"对不起,我不知道航班延误的情况"

"对不起，我不知道飞机什么时候能够起飞""对不起，我没有权力给你改签航班，这需要我的领导来做"这样的话了。许多原来经常被投诉的一线值机人员和客舱服务人员即使遇到的情况很复杂、很特别、极难解决，也能依靠自己的智慧，将问题处理得非常妥善——由于有了一定权限，他们会根据实际情况来选择对乘客或是对公司争取利益，而不再只顾及一方的利益。这时，大陆航空公司的管理者则适时地对发挥自己个人智慧、具有业绩的员工予以奖励。而这样的赞许和认可极大地刺激了员工们主动思考和行动的兴趣。以往那种只求不犯错误的工作心态不见了，更多的员工希望通过自己的努力来赢得上司的认可和旅客的表扬与赞许。大陆航空公司很快赢得了旅客的口碑，其客座率直线上升。

  显然，从这一案例可以看出，在提高服务水平方面，给员工一个表现个人能力的舞台，予以一定的授权显然要比给他们套上规范的枷锁有效得多。当然也许会有人担心，在实施这种管理方式的时候，会不会出现损害公司利益的问题。例如，因航班延误的乘客冲着公司员工大声叫嚷，处理问题的员工很可能会对这些乘客让步，并投其所好以便于平息事端，如免费为其提供升舱服务、免去其超重行李运费等等。事实上，这种担心是不无道理的，许多调查显示，在实行授权的企业中，约有4.3%的员工会胡乱行事，甚至利用自己的授权来为自己谋取利益。但95%以上的员工则会珍惜这个机会做好工作，妥善地处理好公司和乘客双方的利益。而从实际管理的角度来看，公司的管理层完全可以通过调查来对付那些极少数的人，因为95%的人基本可以做到自我约束。事实上，根据马斯洛的人类需求七个层次理论，人除了对生命存在、安全、温饱、物质经济有需求之外，更大的需求则在于希望获得自我价值的体现与承认。而也正是因为这个原因，当企业给予员工展示个人能力、自我价值的机会时，绝大多数员工将会以极大的热情投入其中。在一个充分自由的机构里，员工的工作常会取得理想的效果。"给职工授权，使其自由发挥"代替了管理者常说的一句鼓励的话"尽最大的能力来完成这项工作"。因为在员工专心工作的时候，自由激励和充分授权将代表着"自我约束、自我管理和自主独立并成功解决问题"的意思。在工作进度缓慢的时候，自由激励与授权将会成为有效的润滑油，而当工作停滞的时候，则会变成具有马力的发动机。[①]

  总之，授权要求提高员工自主性和主动性。授权包含组织整体，它影响着工作的方式、组织的方式和雇员与主管的关系。不能把授权看作一种附加物，相反它意味着在权力、责任、学习与利益的设计上的变化。授权不是一个全新的概念。过去，我们曾经遇到过像参与管理法、劳动力参与、职业生命质量、自主性对工作满意的作用等概念，不过授权与它们存在显著的区别。对于授权

[①] 吴双桐. 浅谈"给职工授权"对航空公司提高服务水平的作用与意义[J]. 空运商务，2008（10）：7.

的讨论强调结果，今天的授权本质上是提高公司在质量和消费者满意方面的绩效的一种方法，而在过去，授权是个体员工收到的均等或较多关注的福利。市场需求快速地响应特定要求，科学技术使信息得以快速传递、组织结构扁平化，以及人们要求更多地参与和自主。一切似乎都指向了当今组织里雇员的更多的、比以往更大规模的参与上。授权是实现这些的支柱。

三、思考题

1. 说明案例中深航采用授权制度的原因所在、结果怎样。
2. 结合案例谈谈企业采用授权策略的因素有哪些。对其他服务行业来说，我们可以得出哪些启示？

案例10-2：招商银行的"葵花向阳服务文化"

一、案例概览

在招商银行主要营业场所，都有葵花的醒目图案；该行不少金融产品，也是用向日葵来做形象代表的。公司高层指出："银行与客户的关系，犹如葵花与太阳的关系。我们一直把招商银行比作葵花，把客户比作太阳。没有太阳的照耀，葵花就不能生长；不因市场和客户而变，招商银行就不能发展，甚至不能生存"。这就是招商银行的"葵花向阳"的服务文化，其核心是"因您而变"和"顾客至上"的服务理念。正是在这种服务理念影响下，招商银行在服务环境、服务品牌、个性化服务等方面下了大力气，在竞争中赢得了先机。

1. 领先一步的服务环境

招商银行遵循"顾客至上"的服务理念，不断为顾客营造良好的服务环境，以下是一些典型做法。

（1）2002年以前，招商银行就采用了目前银行中很常见，但当时非常鲜见的做法：实行挂牌服务，接受客户监督，提供上门服务，星期日储蓄全天营业，亲切问候每一位顾客，为等待的顾客递送香浓的咖啡和杂志，为风雨中的顾客提供红伞等。这一连串为顾客服务的措施，为招商银行赢得了顾客赞誉。

（2）针对银行排队等待的普遍现象，招商银行率先推出了叫号机，同时设置低柜服务，改变了传统银行冷冰冰的面孔和服务模式。

（3）招商银行规定各支行营业大厅均应配备大堂经理，每个网点必须达到2名，在业务高峰时段还相应增加大堂助理等服务人员，一些网点的大堂服务人员达到5人以上，通过主动问候、业务咨询、示范操作、填单指导、客户分流等服务，加强营业厅的主动式服务，提高客户引导效率，提升客户排队的舒适度，增进客户在等待过程中的人性化关怀。

2. 创立现代化服务品牌

在"顾客至上"的服务理念指引下，招商银行推出了一系列现代化服务品牌，改变了传统的交易模式，拉近了与客户的距离：1995年，在国内银行业率先推出了第一张多功能借记卡——"一卡通"，它较好地适应了客户追求方便、快捷的需求；1998年，在国内第一家启动了包括网上个人银行、网上企业银行等在内的成熟的网上银行——"一网通"，满足了客户足不出户就能享受银行服务的需求。此外，招商银行还推出了第一家24小时自助银行、第一家24小时炒汇厅等。这一系列举动都致力于为客户提供高效、便利、体贴、温馨的服务，拉近了银行与客户的距离。

3. 满足顾客需求的个性化产品

在"因您而变"的服务理念下，招商银行针对顾客日益增强的个性化和多样化需求，开始了"个性化服务、专业化管理"的新阶段，向顾客提供量身订制的"一对一服务"和个性化服务，配以专业化的客户关系管理，使客户结构进一步优化。2002年10月，招商银行率先提出了客户分层服务的概念，并在国内建立了首家财富中心，推出"金葵花"理财品牌及服务体系，全方位为客户提升生活质量。"一对一"的理财顾问、优越专属的理财空间、丰富及时的理财信息、一路相伴的全国漫游、特别享有的超值优惠、精彩纷呈的理财套餐、方便到家的服务渠道，成为"金葵花"理财的七大服务体系。

从服务环境改善到服务品牌创立到个性化服务品种的推出，招商银行在"葵花向阳"服务文化的指引下，一步步把客户引入了大门，赢得了竞争主动权。

二、案例解读

招商银行的服务，主要是基于理念下的一种创新，无论是服务环境、服务产品或是服务本身都是创新的方面。正如有的学者所言，服务业出现了一系列创新趋势，服务的概念正在进一步发展。服务业中的人力正在被更多的专有技术和专业化管理所取代。应该说，随着社会的发展，消费者的自由度越来越大，顾客的期望也日益显现出多元化。由庞大的垄断型国营机构提供的单一性服务不再能够满足人们的需求。大众市场的细分使得专业化服务正在取代单一垄断性服务。[1]招商银行的服务主要体现在以下几个方面。

---

① 理查德诺曼著. 范秀成等译，服务管理——服务企业的战略与领导[M]. 第3版. 北京：中国人民大学出版社，2006：23.

1.服务环境的人性化

招商银行遵循"顾客至上"的服务理念，不断为顾客营造良好的服务环境。早在 2002 年以前，招商银行就率先采用了目前银行中很常见，但当时非常鲜见的做法，如实行挂牌服务、接受客户监督和提供上门服务等一连串为顾客服务的措施，这些措施为招商银行赢得了顾客赞誉；另外，针对银行排队等待的老大难问题，招商银行又率先推出了叫号机，这在当时的银行业中是极为少见的。为改变传统银行冷冰冰的面孔和传统服务模式，招商银行又设置低柜服务；而且，招商银行在支行营业大厅配备大堂经理人数的问题上也进行了相应的规定，这些都为加强营业厅服务的主动性、提高客户服务效率、提升客户排队的舒适度、增进客户在等待过程中的人性化关怀奠定了坚实的基础。

2.服务品牌的现代化

虽然无从追溯究竟哪家企业是第一个"吃螃蟹"者，敢为天下先地推出第一个服务品牌，但这已经显得并不重要，重要的是在服务品牌这条道路上，可谓前赴后继，恰如百舸争流。[①]实际上，企业每一次营销活动都是对品牌的积累，因为任何营销活动都离不开品牌的传播。品牌不为传播的"明线"，就为传播的"暗索"，品牌永远都是营销的主线和战术的灵魂。其实，这就是企业积极打造服务品牌的深层原因。在全球范围内，许多金融类服务企业都在不断创新自身的品牌，以使自己所提供的服务区别于其他品牌。它们的目标是将一系列的服务要素和流程转化为一种稳定的、可识别的服务体验，对于那些可定义和预见的服务产出进行定价。遗憾的是，在很多情况下并没有多少显著的区别，除了品牌名称不同，例如不同银行之间的品牌服务难以区别，对服务价值的描述也可能并不清晰。[②]服务管理者的一个重要角色就是要成为"品牌冠军"，熟悉顾客体验的每个方面并负责引导与影响顾客。品牌服务体验强调每片花瓣要保证鲜艳的颜色和良好的质地。遗憾的是，很多服务体验都是偶然性的，给人的印象就像把来自不同植物的花瓣强行揉合成一朵花。[③]

招商银行在"顾客至上"的服务理念指引下，推出了一系列现代化服务品牌，

[①] 例如，2001 年 2 月，科龙集团在顺德举行"全程无忧"服务品牌发布仪式，正式向市场推出"全过程无忧虑"的服务承诺；2001 年，方正科技推出"全程服务"品牌，并于 2004 年进行了再包装与重点推广；2002 年，一汽集团解放汽车公司开始打造感动服务品牌；2002 年 5 月起，EPSON 决定以"EPSON 服务"（爱普生服务）作为售后维修服务的品牌；2003 年 8 月，浪潮发布了服务器产业第一个服务品牌——浪潮"360°专家服务"；2003 年 9 月，长安汽车集团正式推出"长安——新情服务"服务品牌；2004 年 6 月东风柳州汽车公司推出全新的服务品牌——"阳光在线"；2004 年 8 月，PLUS（普乐士）投影机专业服务品牌"贴心 24"正式诞生等等。

[②] 唐·舒尔茨强调说："品牌承诺或价值不是体现一个标签、一个图标、一种色彩或一个图形要素上，尽管这些都可能对品牌建设发挥作用。重要的是，品牌承诺或价值主张应该是该品牌的心脏与灵魂……"

[③] 克里斯托弗·洛夫洛克等著，郭贤达等译.服务营销[M].第 2 版.北京：中国人民大学出版社，2007：178.

改变了传统的交易模式,采取一系列措施致力于为客户提供高效、便利、体贴、温馨的服务,拉近了银行与客户之间的距离。招商银行成功地将一系列的服务要素和流程转化为一种稳定的、可识别的服务体验,对于那些可定义和预见的服务产出进行定价。毋庸置疑,招商银行推出的现代化服务品牌是非常成功的。

3.服务产品的个性化

任何服务都很难满足每位顾客的不同需求,这个问题很大程度上取决于所涉及的服务特性及客户的构成。对个人消费者而言,由于单个消费的购买力度很小,因此公司为其提供任何适应性服务基本是不可能的(因为这样做成本太高)。所以,服务企业的战略应该是满足某一细分市场的客户需求。但很多企业并没有为个人消费者作这样的不同的细分市场。[①]然而,为消费者提供个性化服务的系统化方法确实存在,其中的关键就是要开发一套预先构思好的标准化服务包。在充分了解细分市场的特点后,该服务包中的每一项服务都应该能反映出客户的全部需求。许多保险公司采用这种方法,以个体消费者所处的不同生命周期阶段及不同需求作为其市场细分的基础,这样个体消费者就属于不同的细分市场。公司可以为不同的细分市场提供适应性强但仍是标准化的服务。另一个方法就是在公司内部为客户安排专门的客户服务人员。许多银行都采取这种做法,即开展个人银行业务。提供大规模个性化服务最有效的方法即所谓的"电脑化定制"。[②]在服务产品的个性化方面,招商银行针对顾客的需求,迈向了"个性化服务、专业化管理"的新阶段,不仅为顾客提供量身定制的个性化服务,而且进一步优化了客户结构,成功打造了一个以顾客需求为导向的现代商业银行。

总之,招商银行从服务环境改善到服务品牌创立到个性化服务品种的推出,招商银行在"葵花向阳"服务文化的指引下,一步步把客户引入了大门,赢得了竞争主动权,为其日后的成功埋下伏笔。因此说,招商银行的成功不是偶然的,而是有着它的必然性。这就是它在葵花向阳服务文化的理念下,坚持顾客至上的服务理念。正是在这种服务理念影响下,招商银行在服务环境、服务品牌、个性化服务等方面下了大力气,在竞争中赢得先机,成为商业银行中的佼佼者。

4. 招商银行企业文化的优势

金融企业靠信誉生存,而金融企业文化的核心在于塑造信誉。金融企业资本可分为两类:有形资本是指货币资本——"硬资本";无形资本是指政府的授信和公众的信任——"软资本"。这两类资本的主要作用都是维护金融企业的信

[①] 理查德·诺曼著. 范秀成等译. 服务管理——服务企业的战略与领导[M]. 第 3 版. 北京:中国人民大学出版社,2006:129.

[②] 理查德·诺曼著. 范秀成等译. 服务管理——服务企业的战略与领导[M]. 第 3 版. 北京:中国人民大学出版社,2006:129.

誉。以招行为例，它是一个负债经营的实体，只有客户对其授信，它才可以正常运转，一旦客户丧失信心进行挤兑，它即使有雄厚的资本金也是远远不能支撑的。所以，资本金在一定程度上讲，起到的是一种宣示的作用。对金融企业而言，信誉比资本金实力更为重要。所以金融企业文化建设要特别注意通过文化表象系统的整体统一性塑造和向社会公众传递金融企业的信誉等。

企业文化的表象系统等构成企业的无形资产，其是企业能够长期使用的资源。没有实物形态的无形资产，既代表企业的一种法定权和优先权，使企业具有高于一般水平的获利能力，是一个企业核心能力的构成要素，同时也标志着一个企业、一个组织潜在发展的优势程度。企业文化表象系统包括建筑、音乐、雕塑、旗帜等，是企业文化内涵具体、物化的重要表征。对企业建筑和标识的解释能够加强企业内外对企业文化内涵的印象和理解，起到良好的固化和宣传作用。招行文化表象系统包括：企业标识、建筑外观、行花、办公区环境、营业厅环境、网站、办公用品、文件、人员服装、车辆外观等。

企业标志作为企业识别的基本符号是企业视觉传达的核心要素，也是企业开展信息传达的主导力量。除了延展性、系统性、造型性基本特性外，企业标识还应代表企业的价值观等文化元素，成为企业精神的具体象征。招商银行行徽以招商银行英文名首字母"C"、"M"、"B"为基本组建元素。立足招行国际化、现代化进行优化，视觉中心"M"稳实有力，象征招行全面拓展国内、国际市场的发展态势；"M"下加横线构成"B"的造型又与充满速度感的平行射线，形成扬帆出海、资金畅通的图形寓意；七条平行射线代表招行最初的七家股东，传达出明确的亲和性与时代性。标准色选用代表活力、热情的红色，象征招行的经营活力和服务热情；充满向上跃升的内在动力和主动应变市场的积极姿态。整个行徽体现了招行不断进取的精神和变革力量，传达出招商银行"因您而变"的企业核心理念。行徽与招商银行本身的企业特质和文化特质完美融合，深层互动。行徽寓意招行与时俱进，和广大股东、客户一起共创佳绩，共同打造值得客户信赖和稳健发展的百年老店。

目前金葵花已经为广大客户和社会各界所接受并熟悉，用来做行花可以充分利用招商银行数年来的宣传成果。尽管金葵花现在主要是个人银行业务的代表，但其内涵完全可以涵盖所有的金融服务业务。符合招商银行核心价值观中的"服务"，以及"因势而变，因您而变"的经营理念。马蔚华行长曾对向日葵进行了生动形象的解释——"向日葵是迎着太阳来转动的，满足了客户的要求，招商银行才能不断地发展、才能欣欣向荣，抓住阳光的方向，能够让葵花永远鲜艳。"在此基础上，招商银行重新将"向日葵"的特性进行了更全面的阐述，从各个方面更好地体现自身的企业文化特点：第一，向日葵体现了招商银行以客户为中心的精神；第二，"一朵不起眼，一片才灿烂"，体现了招行员工的团队合作精神和招行文化中"尊重、关爱、分享"的人本理念；第三，金葵花朴实不娇贵体现了招行员工在市场上勇于挑战的精神和扎实肯干的作风；第四，金葵花不仅能观赏，还很实用，体现了招商银行能够为客户带来实实在在的、多层次的增值业务。对行花的使用，需要有统一的 CI 系统支持和规定，并将行花所代表的内涵向全体员工传达。

综上，企业文化在招商银行中起着极其重要的作用。招商银行企业文化建设在国内金融机构中是最具代表性的，相比较而言，其突出的优点有四点。第一，员工普遍认同企业文化建设的重要性和及时性。通过招商银行局域网的调查，有 68.8%的员工认为招商银行的企业文化能提升员工士气；有 79%的员工认为招商银行的企业文化能提升企业业绩；超过 75%的员工认为招商银行的企业文化与自己有直接的关系；员工普遍认可有利于招商银行企业文化的建设和发展。第二，招商银行企业文化具有优良的文化传统。在招商银行发展的过程中，有一些精神层面的东西一直保存下来，成为招商银行企业文化精神层面的优良传统。这些优良的传统包括"创新，拼搏，奉献，敢为天下先和服务客户"。通过调查，招商银行员工对这些理念是比较认同的。第三，内部凝聚力强。招商银行内部员工凝聚力强，企业忠诚度和承诺度较高。通过企业内部网统计调查有 72.3%的员工愿意为企业的发展付出额外的工作；有 58.8%的员工愿意长期为招商银行工作；有 66.1%的员工以自己是招行的员工而自豪。在访谈中几乎所有的部门负责人都认为下属员工会因为招行的声誉和社会地位而满足。员工在网上留言体现了员工为招行提意见的同时也表现出对招行的热爱。第四，企业外部形象好。招行的企业文化在外部传播广泛、有效，已经在顾客心目中树立了良好的形象。包括"服务态度好，办事效率高，总有新产品"。而且有 90%的顾客认为招行的外部形象是清晰的，这些形象构成了招商银行的核心竞争力。

总之，招商银行的服务理念和服务水平在国内银行业界也是首屈一指。招商银行客户分层因人而异，为客户提供个性化的服务。贵宾客户专项接待。保护客户的隐私，面对面、一对一的高规格、高层次的服务，接待客户咖啡、饮料一应俱全，让客户处处体现地位、时时感觉尊重、彰显尊贵。向贵宾客户随时提供全面的高附加值的五星级服务。仅在这一点上其他银行与招行的差距非常明显。因为其他银行除贵宾客户之外，其他客户一律排队等候。如金卡客户群体多为企业的精英骨干，他们的时间比较紧张，办事多追求快捷便利，而招商银行人性化的服务恰恰满足了这些未来的财富新贵们的需求，因为招商银行意识到这个客户群体的发展潜力与发展空间非常广阔，如果留住这些潜力客户对未来的发展将起到巨大的推动作用。由此我们可以看出服务并非是按照排队机有秩序的排队,并非是客户办业务的时候有人问、有人理,而是针对不同的客户采取不同的接待方式,按照顾客的需求提供顾客想要的服务,最大限度地满足顾客需求才是服务的本质。

以上简要分析了招商银行发展中的"优势"。从中也可以看出招商银行发展的基本模式。招商银行独特的发展模式被业界称为"招行模式",招商银行的成功是卓越的,我们探究招商银行的发展之路,或许可以给更多的中小银行的发展提供一些启示,因为招行的成功经验值得我们借鉴和学习(见表 10-2-1 和 10-2-2)。

表 10-2-1　招商银行员工行为准则[①]

基本元素	核心内容	招商银行员工行为准则
个人修养		1. 诚实正直,严于律己
		2. 达到和力争超越组织要求的工作标准和业绩指标
核心价值观	服务	3. 树立客户至上的观念,努力提供最优质的服务
	创新	4. 锐意创新。善于借鉴,努力开拓市场,向市场要效益
	稳健	5. 规范操作、规避风险
经营理念	因势而变 因您而变	6. 尽一切努力满足客户的需求
发展理念	效益、质量 规模协调发展	7. 在工作中注意平衡效益、质量和规模的关系,重视过程、厉行节约
个人理念	尊重、关爱、分享	8. 在团队中尊重他人,关爱他人
		9. 既敢于和善于单兵作战,积极进取、勇往直前,又善于与团队伙伴并肩作战,彼此信任,彼此支持,分享经验和开诚布公
全局理念	全局至上 和谐为美	10. 顾全大局,服从领导,努力扩大职务视野,深入领会公司目标对自己的要求
招银精神	挑战	11. 主动、不断地学习业务技术和管理知识,超越自我追求卓越,永不满足
	自省	12. 保持强烈的进取心和忧患意识,经常自省
	奉献	13. 把个人事业融入招商银行发展之中,保持积极的工作态度和高度的责任感,勤勉努力,通过做好本职工作为实现招商银行的发展做出贡献
招银作风	严格	14. 严格遵守和执行各项规章制度,规范操作
	扎实	15. 培养从实际出发的扎实精细的工作作风
	高效	16. 迅速反应,快速行动

[①] 李茸等著. 招商银行企业文化——因您而变[M]. 北京:中国人民大学出版社,2005:87.

表 10-2-2　招商银行管理人员行为准则[1]

基本元素	核心内容	招商银行经理人员行为准则
领导者修养		1. 以身作则，用良好的领导者形象感染人
		2. 自觉履行企业文化的塑造者和传播者的职责，学习和养成通过具体的管理工作，一点一滴地传递招银文化价值观的工作方式
		3. 对公司未来和重大经营决策承担个人风险，达到并力争超越组织要求的经营业绩
核心价值观	服务	4. 尊重社会公众、尊重顾客、讲求信誉、起到客户服务模范表率作用
	创新	5. 锐意创新。善于借鉴，努力开拓市场，向市场要效益
	稳健	6. 重视风险管理，控制经营风险，审慎投资，规范经营
经营理念	因势而变 因您而变	7. 随时了解行业和市场动态，对市场变化快速作出反应
		8. 尽一切努力满足客户的需求
发展理念	效益、质量 规模协调发展	9. 控制成本，倡导节约，重视过程，优化流程，规范管理
		10. 在工作中注意平衡质量、规模和效益的关系，稳健经营
人本理念	尊重、关爱、分享	11. 尊重员工，重视员工发展，关心员工个人生活，在组织中营造尊重、分享、开诚布公和共同进步的氛围
		12. 培养和发展有效沟通能力，双向开放式沟通，积极听取员工意见，及时给予员工反馈
		13. 对员工进行积极有效地绩效评估，协助员工设定职业发展目标，提供建议和咨询
		14. 主动将经验和知识传授给员工，提供员工成长的空间，培养发现优秀员工，培育接班人
		15. 引导员工追求更高层次的精神境界，在招商银行实现个人价值的不断提升
全局理念	全局至上 和谐为美	16. 顾全大局，服从领导，坚持公司利益高于个人利益
招银精神	挑战	17. 主动、不断地学习业务技术和管理知识，超越自我追求卓越，永不满足
	自省	18. 保持强烈的进取心和忧患意识，经常自省促进变革和持续改进，积极主动适应环境变化
	奉献	19. 视工作为事业，全身心投入
招银作风	严格	20. 遵守和执行各项规章制度，规范经营，严格管理
	扎实	21. 培养从实际出发的扎实精细的工作作风
	高效	22. 迅速反应，快速行动

---

[1] 李茸等著. 招商银行企业文化——因您而变[M]. 北京：中国人民大学出版社，2005：89.

三、思考题

1. 结合案例说明服务文化的内涵及构成，并说明在招商银行中是怎样体现服务文化的。

2. 说明招商银行是属于哪种服务文化的类型以及服务文化对招商银行的成功发展起到怎样的作用。

第11章 服务赢利策略与绩效管理

服务赢利策略是指服务企业获取、提升利润的方式和途径。顾客是企业获利的源泉,而不同顾客的赢利性有所差异。本章选择的两个案例"里兹—卡尔顿酒店的价值创造"和"英国某食品杂货店的服务利润链"是在服务赢利策略和绩效管理方面极为典型的,具有极强的代表性,对于本章分析基本原理的应用性极强。

案例11-1:里兹—卡尔顿酒店的价值创造[1]

一、案例概览

从21世纪初开始,美国和欧洲的酒店市场已经趋向稳定。由于近年来经济和政治的发展,房间使用率和每间房的收入也趋于稳定,有的甚至在下降(在2004年,上述两个指标可能会上升)。在2001年和2002年,欧洲酒店的赢利率甚至下降了14%。在这种高度竞争的情况下,里兹—卡尔顿酒店持续不断地为顾客创造价值。可以说,通过顾客的忠诚管理,里兹—卡尔顿酒店创造了较高的企业价值。对里兹—卡尔顿酒店来说,价值创造是从卓越的服务质量开始的。对企业来说,高质量并不是由一些设施(如盥洗室的镜子)来决定的,而是由一致的一流服务水平所决定的,里兹—卡尔顿酒店在整条价值链中所实现的服务水平,使这一战略成为现实。

在价值链的互动过程中,所有工作都是为了使顾客满意。其中,包括顾客在酒店中的所有服务选择(价值链中的服务生产环节)——从这一等级的酒店的固有细致服务开始。例如,当咖啡变得太冷时,顾客可以免费获得一杯新的咖啡。同样,酒店可以雇一名技术人员来帮助顾客通过手提电脑发送数据。里兹—卡尔顿酒店还努力提供额外的服务。这在价值链的售后服务过程中表现得

---

[1] 曼弗雷德·布鲁恩、多米尼克·乔治著. 王永贵译. 服务营销[M]. 北京:化学工业出版社,2009:7.

十分明显。正如一位负责管理里兹—卡尔顿欧洲酒店的高层管理人员所报告的："最近，我们把一位顾客送到了火车站。到了火车站之后，他才发现自己把一份重要文件落在酒店了。"于是，司机从酒店开车以最快的速度在顾客之前就赶到了顾客要去的终点站，在顾客下车时就把文件交给了他；曾经还有一位员工出去为一位顾客购买了一些日常必备药品；还有员工因为租车公司的汽车没有准时到达而让顾客使用自己的私人汽车。

里兹—卡尔顿酒店不仅在互动过程中努力交付价值，而且在关系过程中也努力交付价值。对于公司的员工而言，必须遵循的原则是"不能流失任何一位顾客"。这一要求与该酒店的经营哲学是一致的，与简单的财务计算结果也相互一致：平均而言，每个顾客一生可能会在里兹—卡尔顿酒店花费10万欧元。除了这一经营哲学以外，该酒店贯彻实施了一套关系系统，以便收集顾客信息，如"X先生喜欢睡床的左边"或"Y女士喜欢水平盘中的香蕉"。员工会在没有要求的情况下帮顾客录下一场F1方程式比赛——因为这个顾客在上次住店时曾经提到他为不能看到这类比赛而苦恼。

在里兹—卡尔顿酒店的辅助价值创造过程方面，由于许多服务都趋向个性化——在信息系统的帮助下，都需要员工全方位奉献，所以该酒店非常关注人员的招聘和激励活动。

在人员招聘方面，里兹—卡尔顿酒店在柏林的一家酒店的开业就是一个很好的例子。在酒店开业前一年，里兹—卡尔顿酒店开始从世界范围内寻找候选人，并对他们进行培训。该酒店的高级人力资源经理——休·斯蒂芬森指出，他们对每一个职位都有着十分明确的工作描述。并且，有关的工作描述是以一项世界范围内的内部标杆管理为基础的，并且精确描述每个职位的资格要求。

除了每个员工都享有的培训和个人发展机会外，世界上最好的酒店和最好的形象也有助于吸引世界上最棒的员工来里兹—卡尔顿酒店工作。虽然，里兹—卡尔顿酒店的工资水平只比其竞争对手高出一点点，同时，工作时间也不比其他酒店少，但里兹—卡尔顿酒店却在员工激励方面从酒店业中脱颖而出。这首先起始于里兹—卡尔顿酒店把员工并不看成员工，而是看作主人的经营哲学。在内部沟通方面，员工之间互相称作先生或女士。员工吃饭时，也不是在自助餐厅，而是在饭店。

在上述经营哲学中，最重要的因素是：与其他酒店的员工相比，里兹—卡尔顿酒店的员工拥有真正的自主决策权。在里兹—卡尔顿酒店，不仅允许员工自主行动，而且要求员工必须自主行动。

对于里兹—卡尔顿酒店而言，价值导向型战略已经取得了卓越的成效。里兹—卡尔顿酒店是第一家而且也是唯一一家获得马尔科特波姆里奇国家质量奖的酒店，同时，也是唯一一家两次获得该奖的企业，分别是 1992 年和 1999 年。当里兹—卡尔顿酒店作为一流的雇主形象在柏林开业时，数以百计的申请者排着队来投递自己的申请表，这足以说明里兹—卡尔顿酒店对潜在员工的吸引力。在此，根据 JDPOWER 的一项研究成果，里兹—卡尔顿酒店在顾客满意度的各项指标方面（包括到达前、达到后、对房间、对食品与饮料、对旅馆服务、离开时的满意度等）都名列前茅。有 36%的顾客指出自己的体验超出了自己的期望，这一比例比这一细分市场上的其他旅馆都要高。在 20 世纪末期，在利润率方面，里兹—卡尔顿酒店也比其他的直接竞争对象和豪华酒店的平均利润率水平都要高。

二、案例解读

本案例中，服务价值（顾客价值）就是优质的一流服务水平。企业的经营哲学是：把员工并不看成员工，而是看作主人。在内部沟通方面，员工之间互相称作先生或女士。员工吃饭时，不是在自助餐厅，而是在饭店。在上述经营哲学中，最重要的因素是：与其他酒店的员工相比，里兹—卡尔顿酒店的员工拥有真正的自主决策权。在里兹—卡尔顿酒店，不仅允许员工自主行动，而且要求员工必须自主行动。

1. 顾客价值与企业价值

顾客价值与企业价值是一致的关系，而且，只有顾客价值实现了，企业价值才能得以真正实现，二者是统一的关系。这种哲学倡导："为了去满足顾客的需求，员工应该停止正在从事的工作"。而这种经营哲学本身所体现的是员工的价值。但它们的终极目标都是企业价值的实现。例如，在日常工作中，经常会发生这样的情况，但这种授权方法也适用于更高的层次。每一个女服务员都有权为顾客提供房间，每一个侍者都有权邀请顾客就餐而无须获得上司的允许。员工之所以可以行使这种权力，是因为在犯错时公司并不要求员工提供合理的解释。无论是对员工的授权还是对员工的主体地位的实现，其主要目的都是为了实现顾客价值或者说服务价值，从而实现企业价值。所以说，在这种经营哲学中，顾客价值与企业价值是一致的，二者是统一的关系。

这种经营哲学的贯彻，是一个持续的过程。内部沟通在保证服务水平方面扮演着重要的角色。例如，每个员工都佩戴一张卡片，上面写着"我们是为先生和女士服务的先生和女士"。此外，员工每天都花费半个小时来讨论里兹—卡尔顿的原则和他们遇到了什么样的挑战，又是如何解决这些问题的。里兹—卡尔顿酒店正是通过细致入微的各项事件，从而使员工在酒店中工作有充分的授权，得到很大的自主处理问题的权利，从而为企业顾客解决相关的问题，既实现了顾客的价值，也实现了企业的价值，最终实现企业的经营哲学。

西方管理学者将"授权"称为"Delegation of Authority"，是指上级授予下属一定的权力，使下属在适当的监督下，有一定的自主权和行动权。授权者对于被授权者有指挥和监督权，被授权者对授权者有报告及完成任务的责任。对于饭店行业来说，授权的内容不仅包括授予员工对某些事务进行自助决策的权力，而且还包括要为员工提供相关信息和技术的支持，即对员工进行培训，使员工具备自主决策的能力。目前在授权方面做得比较成功的、被行业内所认可的酒店堪首推里兹—卡尔顿酒店。

2. 成功的两大策略

（1）个性化服务水平的提高

第一，高起点定位酒店服务。

应根据酒店的规模招聘素质较高的服务人员，在服务工作中要严格执行本酒店切实可行的服务规范，每个服务细节都要有严格标准，并把个性化服务贯穿在整个服务过程中。但个性化服务的内容从书面上是难以找到的，需要根据酒店本身经营特点，在实践中总结出来。在里兹—卡尔顿酒店管理集团，闻名于全球而且受同行敬仰的《黄金标准》中写道："我们承诺为客人提供最完善的个性化服务及设施，让客人时刻享受温馨、舒适而又优美的环境。"里兹—卡尔顿酒店定位于通过承诺为客人提供最完善的个性化服务及设施的高起点，要求员工明确酒店的定位以及给客人一种满足的心理享受。

第二，建立准确、完整的客人档案。

酒店应根据客人预订与进店办理手续时提供的信息以及服务人员在客人住店时的观察，把客人的爱好、习惯、消费活动、旅游目的等信息进行处理、分析，建立顾客档案库并通过计算机储存起来，尤其要重点建立和完善重要宾客和常客的客史档案，以利于服务人员在下次服务时有针对性地提供特殊服务，让客人得到独特难忘的体验。在里兹—卡尔顿酒店，每一位员工身上都会带着一份"顾客喜好表"，主要是方便员工把在工作中发现的客人的一些喜好或其他的特点及时记录下来，交给酒店输入"里兹—卡尔顿酒店成功秘诀"系统中，从而在客人下次入住本酒店或者其他地区的里兹—卡尔顿酒店时为其提供个性化的服务，给客人意外的惊喜。有这样一个案例：在广州的里兹—卡尔顿酒店，一位客人入住酒店后，到酒店自助餐厅用餐，接待他的服务员很有礼貌地称呼了客人的名字，客人十分奇怪服务员怎么知道他的名字，服务员就告诉客人根据他的入住资料得知的。后来服务员又问："你还是要靠近窗户的桌子吗？"客人笑了："是的"。服务员又问："您的早餐还是要一杯果汁、一个煎蛋、两个丹麦面包、一杯浓咖啡吗？"客人感到十分惊奇：酒店怎么知道他那么多的爱好和习惯,而且他还是第一次入住广州的里兹—卡尔顿酒店?后来服务员告诉客人我们是根据他入住的其他里兹—卡尔顿酒店提供的信息,入住的酒店把客人的一些信息和爱好输入酒店集团的"成功秘诀系统"中,如果下次客人再次入住全球的任何一家里兹—卡尔顿酒店,酒店就能更好更个性化地为客人提供服务。

第三,拥有能够提供"本能、发自内心"服务的员工。

只有本能的、发自内心的服务才能给客人带来最大的愉悦。为了找到能够提供"本能、发自内心"服务的员工,里兹—卡尔顿酒店的每位员工在应聘入职前都要先进行一项"天赋测试",通过这个测试了解应聘者的服务意识、突发事件处理能力、沟通能力、工作协调能力和人际关系处理的能力等等,以评估其价值观和态度是否适合酒店的企业文化。在深圳星河里兹—卡尔顿酒店筹备开业过程中前往的应聘者不下3万人次,但是符合学历和能力条件并通过了"天赋测试"进入酒店工作的却只有500多人,可谓百里挑一。这个"天赋测试"由美国一家咨询公司专门针对里兹—卡尔顿酒店集团设计。测试设计者认为,一个人的品格及禀性的某些方面是与生俱来的。天赋测试与智商、情商无关,这套特殊的体系可以用来判定受访者是否适合未来的目标工作。求职应聘者之中,能够胜任酒店服务工作的肯定大有人在,但是,胜任酒店服务工作又能提供"本能、发自内心"服务的却不会太多,"天赋测试"正好帮助里兹—卡尔顿酒店把他们从芸芸求职者中找出来。而每一个里兹—卡尔顿酒店的员工都会自豪地说:"我不是被'雇用',而是被'甄选'。"由此可见里兹—卡尔顿酒店的服务可谓从"源头"抓起,那就是酒店服务的主要提供者——员工。里兹—卡尔顿酒店在对员工的培训和管理过程中,不只注重服务技能的培训,更注重培养员工发自内心地对顾客服务。因为他们深信:能力可提升,天赋却难求。

第四,鼓励员工提供"满意加惊喜"的高品质服务。

规范化、标准化服务给客人带来满意,而满足客人潜意识中的服务需求可以给客人带来惊喜。因此,高水准或真正意义上的个性化服务,就是把个性化服务定位为"满意加惊喜",立足在"惊喜"上做文章。里兹—卡尔顿酒店在员工随身携带的黄金标准中这样写道:"服务信条:我们承诺为宾客提供细致入微的个人服务……里兹—卡尔顿酒店以客人得到真诚关怀和舒适款待为最高使命;里兹—卡尔顿酒店之行能使您愉悦身心、受益匪浅,我们甚至还能心照不宣地满足客人内心的愿望和需求。优质服务三步骤:提前预期每位客人的需求并积极满足。服务准则:敏锐察觉客人明示和内心的愿望及需求并迅速做出反应。能够为客人创造独特难忘的亲身体验……"里兹—卡尔顿酒店就是这样要求并鼓励员工为客人提供"满意加惊喜"的高品质服务。里兹—卡尔顿酒店在平时的培训中不但重视对员工业务技能的培训，更重要的是在培训中注重强化员工在服务过程中为客人提供"满意加惊喜"的服务意识。为此，里兹—卡尔顿酒店有一项"独门绝技"，即每天组织员工聚在一起分享发生在里兹—卡尔顿酒店的经典服务实例。全球每一家里兹—卡尔顿酒店，讲述的服务故事里的那些员工，从礼宾员到行政管家，从侍应生到大堂经理，他们提供的"满意加惊喜"的服务给酒店客人留下了深刻的印象，为酒店留住了忠实的"回头客"，其贡献获得了酒店的认可和称赞。

第五，适当授权员工灵活处理现场，鼓励员工创新服务。

很多酒店员工在为客人服务的过程中对于这样的情况司空见惯：服务人员在面对客人需要马上处理和解决问题时需层层请示、汇报，于是问题迟迟得不到处理和解决。但是，在里兹—卡尔顿酒店，他们不让这样的情况出现。其黄金标准中的服务准则这样写道："……能够为客人创造独特难忘的亲身体验；……不断寻求机会创新与改进里兹—卡尔顿酒店的服务；勇于面对并快速解决客人的问题……"为了把这些服务准则不折不扣地贯穿到服务过程中，里兹—卡尔顿酒店的另一"独门绝技"就是给予员工2000美元的授权。每一位里兹—卡尔顿酒店的员工都可被授权2000美元的使用权限。员工在使用2000美元的授权时不需要上报主管，全凭员工当时自己判定是否应该为客人提供这些额外服务。这2000美元的授权为员工向客人"创造独特难忘的亲身体验，勇于面对并快速解决客人的问题"提供了坚实的保障。里兹—卡尔顿酒店相信，对客人而言，物质上的增值服务并不是最重要的，能真正打动他们的是员工贴心的关怀和不懈的努力。

要使顾客需求及时得到满足，服务人员必须具备迅速作出各种与服务工作有关的决策权力，而不是一层一层地去请示领导批准。管理人员应支持并鼓励服务人员根据顾客的具体要求灵活地提供优质服务，授予服务人员偏离标准操作程序的权力，以便服务人员采取必要措施满足顾客具体、独特的要求。只要能给客人带来独特、难忘的体验，酒店员工可以不用请示任何人直接去执行。例如，在里兹—卡尔顿酒店的宴会服务中，或者通过酒店提供的客人信息中，酒店员工得知一位客人的生日，员工可以不向上级请示，能自主决定送给客人一个生日蛋糕，并送上有酒店行政委员和员工祝福语及签名的生日贺卡，这就是里兹—卡尔顿酒店的授权，不断地为客人提供最个性化、最奢华的服务。[①]

许多消费者开始寻求基于个人兴趣、心理需求和精神满足的消费体验活动。他们的需求层次已经达到了马斯洛需求理论的较高层次——个人需求和自我实

---

① 陈的非. 酒店员工个性化服务探析——以丽思—卡尔顿酒店为例[J]. 中国商贸，2010（10）：91.

现需求。这类人群是有一定的鉴别能力的富裕消费群体,当他们消费时,他们希望钱花得更有意义、更有价值。

美国学者迈克尔·波特曾提出了企业竞争的三种基本竞争战略,即总成本领先战略、差异化战略及目标集中化战略,其中差异化竞争战略是指企业提供在全行业范围内具有独特的产品或服务以满足特定顾客的需求,并因其独特性的地位而获得溢价报酬。在整个行业的激烈竞争下,酒店能通过产品及服务的差异化,使酒店在整体市场中占据一定的份额,为企业提升竞争力,从而带动企业效益,这势必成为酒店可持续发展的强大动力。里兹—卡尔顿酒店作为高端酒店市场中的佼佼者,通过自身特色化的经营,拥有了稳定的老客户群,也吸引了更多的新客户群体。

(2) 差异化策略

第一,目标客户群。

分析目标客户群是酒店实施差异化的基础和起步点,通过对客户群和对手等因素的深入分析,能及时发现酒店市场的变化特征和未来的发展趋势。里兹—卡尔顿酒店的目标客户群主要为奢侈消费者和奢侈旅行家(大约占旅游群体总数5%~6%的高消费群体),它一贯坚持的宗旨就是为了满足这类客户群的期望而提供优质的服务。"以客户得到真诚关怀和舒适款待为最高使命"是里兹—卡尔顿酒店的信条之一,每位员工要将其随时铭记于心,同时表现在行动上,每一位员工都会想办法为每位顾客创造最好的消费体验。现代社会,人们越来越追求个性化,客户对于产品及服务的差异化要求越来越高。里兹—卡尔顿酒店不断进行观察和调研,也走访其他时尚奢侈品公司,以求更加有效地满足客户的期望,保持与客户的同步性。

第二,独特体验。

每一个酒店都会用自己特色的服务和产品来满足消费者不同的体验需求,而同一品牌的酒店在不同地域也需要采用差异化的策略,使顾客感受到特色化的消费体验,同时,也是对于当地文化的赞同与尊重。里兹—卡尔顿酒店在不同区域的酒店布置与设计上,有着因地制宜的原则,所有区域的酒店内都必须摆放鲜花,但是对于不同地域的酒店,则选择当地特色及季节性的鲜花,通过不同的细节,让顾客更能感受到当地的特色。在旧金山里兹—卡尔顿酒店的前台旁会提供具有当地特色的幸运饼干,让顾客直接体验当地的文化特色。

第三,边缘服务。

里兹—卡尔顿酒店的每位员工将会努力投入做好每一项工作,即使不是其本职岗位的工作内容。边缘服务意味着每个人都要做好伸出援手的准备,这既可以减少部门之间的疏离感,又可以提高服务的效率,还能为酒店节省成本,并且可以提升员工自身的职业技能。酒店高层管理人员、礼宾人员及酒店的其他部门员工一起，奔向需要帮助的地方，帮助餐厅服务员布置餐盘，高效地把会议室变成餐厅。

第四，信任与授权。

领导和员工之间的充分信任，可以使员工创造价值，不仅在财务上员工可以明确财务目标，将公司目标化解为员工自身目标，通过员工的才能和专长，使公司整体目标更好地实现与提高。充分授权是对员工信任和尊重的最好的表现，通过充分授权，员工能以饱满的精神投入工作，以最佳的状态服务客户，不仅带动工作积极性，提高了员工的效率，也增加了企业的收益。在里兹—卡尔顿酒店，服务准则强调"我作为一线员工，被授权创造独特而难忘的客户体验"和"我必须迅速解决客户的问题"。领导者为了鼓励员工自主和信任，允许员工认为需要为客户提供额外服务或补偿时，无须报告上级主管等候批准，可以直接在授权的2000美元额度（每天可以为每位客户所花费的额度）内迅速处理问题，以创造独特而难忘的客户体验。为客户提供最直接的产品附加值，提高服务效率，并将产生的问题所造成的损失降到最低。通过这样的信任与授权，酒店不仅仅赢得了业界的口碑，也巩固了客源，更加强了员工的忠诚度。授权的优点有：①能对顾客的需求进行及时对答。员工一旦得到授权，当遇到顾客的个性化要求时，无须每次向上级请示，而能够根据自己的判断及时满足顾客需求。②能对服务过程中的服务失败进行及时补救。当出现服务失败时，及时的补救通常会得到顾客的谅解。得到授权的员工无须为补救措施而层层请示，可以及时地进行补救，并因此赢得顾客的忠诚。③能提高员工满意度。员工被授权后，会产生责任感和自我认可感，这既能提高工作效率、增强员工满意度，还能降低缺勤率，减少员工流失率。④能改进现有的服务。员工得到授权后，自然会有一种改进服务质量的愿望，他们提出的新想法和建议会成为企业服务创新的重要来源。⑤形成强大的口碑效应，增加回头客。因得到授权感到满意，员工将更可能提供优质服务使顾客满意，由此形成强大的口碑效应，培育一批忠诚顾客。

对于员工授权，通常的观点认为，员工总是喜欢拥有更多的自主权，希望能有更多的自我发挥的余地。但是，任何权力都是和责任相联系的，有权就有责，权责对等。如果考虑到责任问题，很多人其实并不喜欢拥有更多的自主权。《麦当劳精神》(*Fast Food, Fast Talk*) 一书的作者罗宾·莱达在麦当劳工作期间的调查研究证实了这一点。

当前，员工授权也要视情况而定，具体问题具体分析。正如罗宾·莱达的研究结论给予我们的启示：给予员工多大的自主权，要看具体的业务种类。从服务业务角度看，增加员工自主权的好处在于增加服务工作的创新性、适应性和个性化，适应无法标准化的服务情景；减少员工自主权（遵守服务标准）的好处在于保持质量一致、减少服务失误率、提高效率、降低成本，适合于标准化程度比较高的服务工作。就餐饮业来说，快餐的标准化程度高，可以减少员工的自主权；而提供全套服务的正餐的个性化比较强，因此应该更多地赋予员工自主权。

为使顾客满意，授权是让员工更好工作的关键。授权简单地说就是公司精明地摒弃陈旧的、命令式的管理方法，释放员工的创造力与解决问题的驱动力。这样做能产生良好的业务感。对员工授权能提高员工的驱动力、提高他们的工作满意度以及对公司的忠诚度，并从根本上深刻影响公司的利益。当员工能以主人翁的角度处理日常问题时，或许有一定的利润损失，但可赢得顾客。①

因此，里兹—卡尔顿酒店授予员工一定的自主决策权。员工的自主决策权是指员工对自己能否有权决定工作的行为和工作程序的一种权力。员工的自主决策权主要表现为员工可自主决定如何开展工作、选择自己的工作方法、决定自己的工作进度和努力程度等。在里兹—卡尔顿酒店，当有顾客投诉或出现质量问题时，员工能够根据客人的需要立即纠正，因为他们享有直接决策的权力，可以想方设法使顾客满意而不必得到经理的指示。他们的管理者认为，公司员工应当享有当场解决客人难题的权力，而不是要把问题逐级反映，坐等他人来解决，否则的话，既无法让客人满意，还会增加酒店的费用。②

第五，移情客户。

里兹—卡尔顿酒店崇尚移情客户，是对待家人和挚爱之人的情感延伸，从而成就了卓越的服务文化。当服务的对象从陌生的客人变成了家庭成员时，员工的感情势必发生变化，能从一个关怀者的角度去感受别人的需求与心情，以一种家人般的关怀去服务客户，能极大地创造顾客的满意度及愉悦感，减少服务者与消费者之间的差距。提供服务的员工需要通过一对一的交流，根据顾客的独特偏好来定制他们所期望的完美服务，使顾客终生难忘。

以上是一些里兹—卡尔顿酒店成功案例中值得借鉴的方面，在国际竞争国内化、国内竞争国际化已成必然的今天，我国的酒店业只有通过差异化的服务与产品，不断提升酒店的核心竞争力，不断学习成功的经验，才能面对各种新的挑战与竞争，从而立于可持续发展而不败的道路上。③

---

① 尼密乔杜里著. 盛伟忠，马可云译. 服务管理[M]. 上海：上海财经大学出版社，2007：295.
② 曹春丽、李虹. 从丽思卡尔顿酒店看员工授权问题[J]. 饭店现代化，2008（5）：38～40.
③ 沈华玉等. 从里兹—卡尔顿看差异化如何提升酒店的竞争力[J]. 饭店现代化，2011（3）：58～59.

三、思考题

1. 里兹—卡尔顿酒店的经营哲学是什么？在这个酒店的经营哲学中，顾客价值与企业价值是什么关系？

2. 如果你经营一家三星级酒店，你会沿袭里兹—卡尔顿酒店的授权服务吗？为什么？

案例 11-2：英国某食品杂货店的服务利润链[①]

一、案例概览

在 20 世纪 90 年代，英国食品杂货零售业主要是由少数几家大型零售店所主导的，高度的竞争导致行业毛利水平相对较低。面对这种情况，为了保证公司的利润和成长，英国一家大型食品杂货店的总裁（首席执行官）重新确定了企业的战略，明确地强调顾客满意和顾客忠诚才是公司利润和成长的真正驱动因素。在最近几年里，该公司已大大扩大了其销售空间，在过去三年里销售收入得到了大幅提升。

该公司希望通过运用服务利润链这一工具来搞清楚"这些增长是否是以顾客为中心的战略所带来的结果"，以便进一步明确未来的战略更新和顾客导向的行动。因此，该公司从自己的零售店中选取了 5 家店面来收集数据，以便对服务利润链进行数量检验，并剖析顾客评价（关于服务价值和顾客满意）、顾客行为（顾客保留）和价值（利润）之间的关系。在此过程中，该公司一共使用了两个来源的数据：公司内部报告和顾客调查。

在上述的顾客调查中，公司在 15 个不同店面中分别挑选了 30 名顾客，并在他们离开店面时进行访谈。然后，主要利用这些调查来了解顾客对 18 项质量属性的感知结果与满意程度。同时，诸如顾客向朋友推荐各个店面的可能性等顾客行为指标也纳入到访谈的内容之中。其他一些标准则通过基于各店面层次的报告来加以衡量，如各店面的利润和顾客的平均消费额度等信息都在这类报告中清晰地体现出来了。表 11-2-1 概括出了该公司所采用的一些测量指标。

---

① 曼弗雷德·布鲁恩，多米尼克·乔治著. 王永贵译. 服务营销[M]. 北京：化学工业出版社，2009：7.

表 11-2-1　利润链中变量的操作化

利润链变量	指　标	数据来源
服务价值	顾客感知服务价值	顾客调查
	平均购买量	顾客调查
	推荐亲朋好友来店量	顾客调查
顾客忠诚	顾客在该店面花费的预算份额	顾客调查
店面的赢利性	店面的毛利率	店内报告

基于服务利润链中各变量的取值，该公司分析了服务利润链中各要素之间的关系（如图 11-2-1 所示），以便搞清楚其成功是否可以通过服务价值链来逐本溯源。

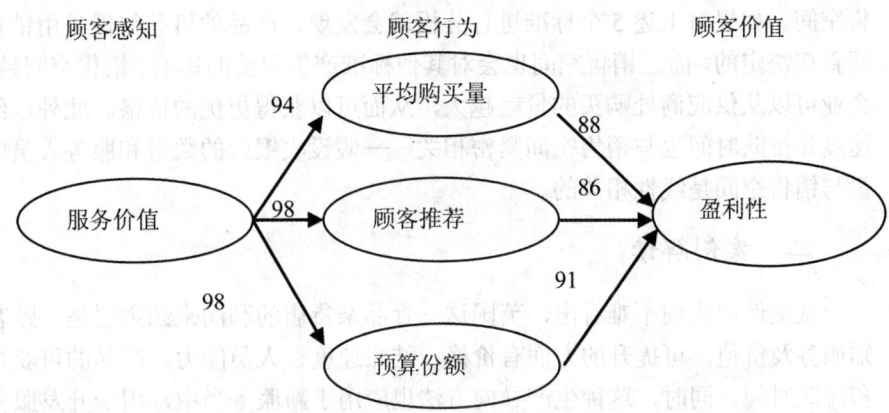

图 11-2-1　服务利润链中的关系

在服务利润链中的顾客行为和价值之间的关系方面，研究结果表明商店的毛利率与顾客忠诚度（通过表中的 3 项指标来衡量）之间存在着很强的相关性。例如，在单个指标层面上，商店的毛利率与顾客的预算份额之间存在着积极的关系，从而表明那些拥有更多忠诚顾客的商店往往具有更强的赢利能力（与那些拥有不太忠诚顾客的商店相比）。同时，这也表明对于那些在该商店的消费占其预算份额较大的顾客而言，更有可能购买高赢利水平的产品，从而提高了总体利润水平。而且，更高的消费额度（指单次的购买量）也会增加销售量，从而产生规模经济效应并降低成本。

该公司在服务利润链中分析的另外一种关系是顾客感知和顾客行为之间的关系。其中，顾客感知是通过顾客所感知到的服务价值来衡量的。其结果也十分类似，该公司发现，3 项顾客忠诚指标与顾客感知之间都存在着正相关关系。

对于服务营销活动与顾客感知服务价值之间的关系，该公司也进行了深入的研究，剖析了顾客满意（通过用于评估商店服务的 18 个属性来反映的）和顾客感知服务价值之间的关系。研究结果发现，下列这些特征对感知价值有着重要的影响。

（1）价格。

（2）结账速度。

（3）人员能力。

（4）产品的可获得性。

（5）排队时间。

除了基于未来影响方案所代表的收益分析之外，上述分析结果也在很大程度上解释了该公司为什么获得了成功。其中，一项核心方案就是扩大商店的销售空间。如果对上述 5 个标准进行分析就会发现，产品的可获得性是由销售空间直接决定的，而且销售空间也会对其他标准产生间接的影响。销售空间越大，企业可以从供应商处购买的量就越大，从而可以获得更优的价格。此外，结账速度和排队时间也与销售空间紧密相关——假设收银台的数量和服务人员的数量与销售空间是线性相关的。

二、案例解读

从案例中我们不难看出，英国这一食品杂货店的利润来源主要是：顾客感知服务及价值。可提升的方面有价格、结账速度、人员能力、产品的可获得性和排队时间。同时，这种生产导向方法也应用于新服务当中，用于开发服务设计与服务工程理念之中。

近年来，随着价值在一般管理中关联度的日益增加，服务营销领域的研究也开始着重于服务的价值贡献。其中，一个研究方向就是感知服务价值的概念，即通过顾客的视角来分析服务企业为顾客创造的价值。这类研究是从顾客的角度出发的，而另外一些有关顾客价值和顾客资产的研究则是从公司的角度来分析价值的创造。其中，顾客价值是单个顾客关系能够为企业贡献的价值，而顾客资产则是所有顾客为企业贡献的价值。近年来，人们开始研究哪些服务过程可以对价值创造做出贡献，以便帮助服务企业更有效地管理上述各种价值。

把服务企业管理实践的发展与在服务领域的学术研究相比较，可以观察到一股强劲的趋势：价值导向的新趋势。这种导向可以为本书后文所倡导的价值导向型服务营销方法提供指导。如前所述，由于服务的特殊性对服务企业的过程具有重要影响，所以在详细地阐述价值导向型服务营销方法之前，让我们先来看一下服务的本质。服务是一种过程，在有关服务营销的文献中，已经讨论了许多服务与产品之间的区别，并把这些差异称作"服务的特性"。图 11-2-2 清晰地展示了其中一些典型的差异，或者说是有代表性的服务特性。

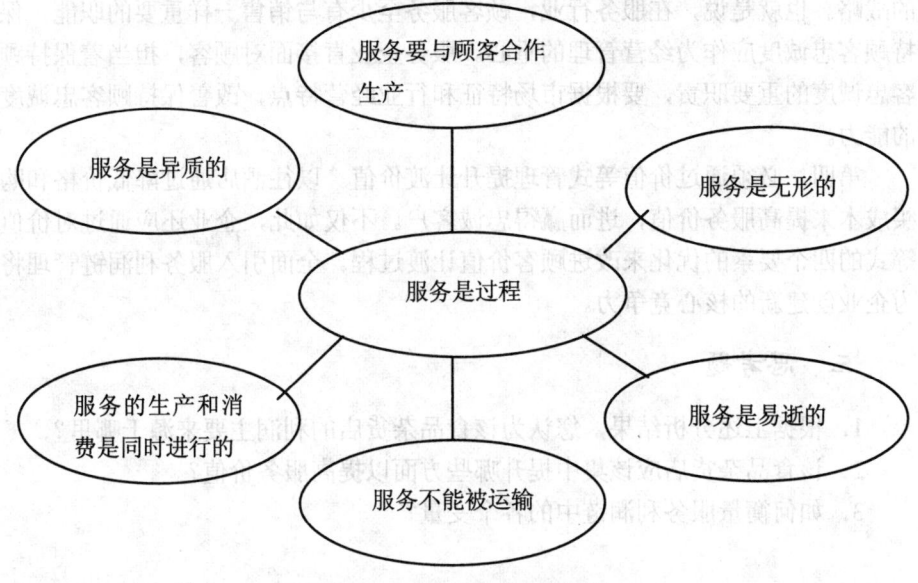

图 11-2-2 服务是一种过程

酒店业是劳动密集型的产业，是通过人与人的接触与交互使顾客感受到满足从而创造效益的产业，而这样的一个接触、交互的过程存在着差异性。这就要求酒店在经营管理时，创造出自己的模式。服务利润链很好地解决了本案例中某食品杂货店的管理问题。服务领先战略和成本领先战略构成了"服务利润链"的核心内容：服务链基于服务领先战略，利润链基于成本领先战略，两者相辅相成、浑然一体。其中，服务领先战略是公司的"真经"，而成本领先战略则是公司的"金箍棒"，双剑合璧才会在竞争中立于不败之地。通过对本案例中某食品杂货店实施服务利润链的管理研究，我们可以得到如下启示：

第一，必须有正确的、清晰的战略服务观。战略是确定企业发展方向的，是形成利润的基础。对于服务行业，正确的战略服务愿景就是找到自己的核心市场，确立自己的核心业务，同时拥有两者将是战无不胜的。

第二，必须将员工的满意管理提升到新的高度。员工是服务的创造者和执行者，其满意和忠诚将直接导致顾客的满意和忠诚。在企业管理中要坚信有了员工我们什么都有，没有员工我们什么都没有。

第三，必须将提高顾客忠诚度作为企业发展的目标。顾客是企业服务的参与者和使用者，其满意和忠诚直接导致企业利润的增长。传统的市场营销努力围绕 4P 进行，即产品、价格、促销和分销渠道。"服务利润链"管理增加 T3R，即以保留（retention）、关联销售（relation sales）及推荐人（referrals）为中心的战略。也就是说，在服务行业，顾客服务至少有与销售一样重要的职能，保持顾客忠诚度应作为经营管理的重心。服务企业直接面对顾客，担当着保持顾客忠诚度的重要职责，要根据市场特征和行业经营特点，改善保持顾客忠诚度的能力。

第四，必须通过价值等式管理提升让渡价值。以往酒店通过降低价格和购买成本来提高服务价值，进而赢得忠诚客户。不仅如此，企业还应通过对价值等式的四个要素的优化来改进顾客价值让渡过程。全面引入服务利润链管理将为企业创建新的核心竞争力。

三、思考题

1．根据上述分析结果，您认为该食品杂货店的利润主要来源于哪里？
2．该食品杂货店应该集中提升哪些方面以提高服务价值？
3．如何衡量服务利润链中的各个变量？

参考文献

[1]艾德里安佩恩．服务营销[M]．北京：中国人民大学出版社，1997．

[2]波恩德·H．施密特著．张愉等译．体验式营销[M]．北京：中国三峡出版社，2001．

[3]陈劲．服务创新初探[J]．中国地质大学学报（社会科学版），2001（12）．

[4]陈觉．服务产品设计[M]．沈阳：辽宁科学技术出版社，2003．

[5]丛庆，王玉梅．服务补救研究综述[J]．成都大学学报（社科版），2007（2）．

[6]崔立新．服务质量评价模型[M]．北京：经济日报出版社，2003．

[7]范秀成．服务质量管理：交互过程与交互质量[J]．南开管理评论，1999（7）．

[8]菲利普·科特勒．营销管理[M]．北京：中国人民大学出版社，2001．

[9]菲利普·科特勒著．梅汝和，梅清豪，周安柱译．营销管理[M]．第10版．北京：中国人民大学出版社，2001．

[10]胡宇．拓展公平维度下服务补救和行为意向的影响关系研究[D]．浙江大学，2007．

[11]胡左浩．服务特征的再认识与整合服务营销组合框架[J]．中国流通经济，2003（10）．

[12]克里斯蒂·格罗鲁斯著．韩经纶等译．服务管理与营销[M]．第2版．北京：电子工业出版社，2002．

[13]克里斯蒂·格鲁诺思．服务营销管理[M]．上海：复旦大学出版社，2008．

[14]克里斯托弗·洛夫洛克等著．郭贤达译．服务营销（亚洲版）[M]．第2版．北京：中国人民大学出版，2007．

[15]克里斯托弗·洛夫洛克等著．谢晓燕译．服务营销[M]．第6版．北京：中国人民大学出版，2010．

[16]柯背．价值创新——创新顾客价值[J]．商业研究，2003（5）．

[17]梁建雄，张静．顾客满意导向的服务企业顾客抱怨管理体系分析[J]．中

国流通经济,2003(2).

[18]梁心弘,陈海权.服务接触视角下的服务失败及其效应[J].经济管理,2006.

[19]蔺雷,吴贵生.服务创新[M].北京:清华大学出版社,1996.

[20]刘大忠,陈安,黄昆.服务营销研究综述[J].内蒙古科技与经济,2006(9).

[21]刘丽文.服务业运作管理的理论框架[J].清华大学学报(哲学社会科学版),1998(2).

[22]刘丽文.服务业管理[J].中国地质大学学报,1999(2).

[23]刘向阳.西方服务营销研究的世纪回眸[J].荆州师范学院学报(社会科学版),2002(4).

[24]盛丽.以价值创新战略实现顾客满意[J].价值工程,2002(5).

[25]施迈纳著.刘丽文译.服务运作管理[M].北京:清华大学出版社,2001.

[26]孙恒有.服务营销实战[M].郑州:郑州大学出版社,2004.

[27]孙学敏.西方服务营销理论文献综述[J].中小企业营销问题研究,2003.

[28]唐晓芬.顾客满意度测评[M].上海:上海科学技术出版社,2001.

[29]田同生.顾客关系管理的中国之路[M].北京:机械工业出版社,2001.

[30]田志龙,戴鑫,戴黎,樊帅.服务营销研究的热点与发展趋势[J].管理学报,2005,2(2).

[31]瓦拉瑞尔·A.泽丝曼尔,玛丽·乔·彼特纳著.张金成,白长虹译.服务营销[M].第3版.北京:机械工业出版社,2004.

[32]汪纯孝.服务性企业整体质量管理[M].广州:中山大学出版社,1999.

[33]汪纯孝,蔡浩然.服务营销与服务质量管理[M].广州:中山大学出版社,1996.

[34]肖丽,姚耀.关系类型对服务失败后顾客反映的影响[J].南开管理评论,2005(6).

[35]徐明,吉宗玉.服务蓝图及其应用[J].价值工程,1999(6).

[36]杨俊,刘英姿,陈荣秋.服务补救运作策略问题研究[J].外国经济与管理,2002.

[37]杨玲芳.我国服务营销的现状及发展趋势[J].中小企业科技,2007.

[38]殷瑾,陈劲.顾客价值创新的战略逻辑和基本模式[J].科研管理,2002(5).

[39]詹姆斯·A．菲茨西蒙斯．服务管理运作、战略与信息技术[M]．北京：机械工业出版社，2003．

[40]詹志方，王辉．基于消费者体验的服务品牌化方法[J]．消费经济，2005（2）．

[41]张金成．服务利润链及其管理[J]．南开管理评论，1999（1）．

[42]张金成，何会文．服务补救的认识误区[J]．商业经济与管理，2003．

[43]郑吉昌．产品服务增值与制造业企业的战略扩张[J]．河北学刊，2003（6）．

[44]祝燕萍．服务修复模型构建及策略研究[D]．四川大学，2005．

南开大学出版社网址：http://www.nkup.com.cn

投稿电话及邮箱： 022-23504636　　QQ：1760493289
　　　　　　　　　　　　　　　　　QQ：2046170045(对外合作)
邮购部：　　　　 022-23507092
发行部：　　　　 022-23508339　　Fax：022-23508542

南开教育云：http://www.nkcloud.org

App：南开书店 app

　　南开教育云由南开大学出版社、国家数字出版基地、天津市多媒体教育技术研究会共同开发，主要包括数字出版、数字书店、数字图书馆、数字课堂及数字虚拟校园等内容平台。数字书店提供图书、电子音像产品的在线销售；虚拟校园提供 360 校园实景；数字课堂提供网络多媒体课程及课件、远程双向互动教室和网络会议系统。在线购书可免费使用学习平台，视频教室等扩展功能。